Umbanda Não é Macumba

Umbanda é Religião e Tem Fundamento

Alexandre Cumino

Umbanda Não é Macumba

Umbanda é Religião e Tem Fundamento

MADRAS®

Editor:
Wagner Veneziani Costa

Produção e Capa:
Equipe Técnica Madras

Foto do Autor:
Daniel Marques

Revisão:
Arlete Genari
Ana Paula Luccisano

Dados Internacionais de Catalogação na Publicação (CIP)
(Câmara Brasileira do Livro, SP, Brasil)

Cumino, Alexandre
Umbanda não é macumba : umbanda é religião e tem fundamento / Alexandre Cumino. -- 3. ed. -- São Paulo : Madras, 2016.

ISBN 978-85-370-0922-2

1. Umbanda (Culto) 2. Umbanda (Culto) - Filosofia I. Título.

14-06181 CDD-299.60981

Índices para catálogo sistemático:
1. Umbanda : Religiões afro-brasileiras 299.60981

MADRAS EDITORA LTDA.
Rua Paulo Gonçalves, 88 – Santana
CEP: 02403-020 – São Paulo/SP
Caixa Postal: 12183 – CEP: 02013-970
Tel. : (11) 2281-5555 – Fax: (11) 2959-3090
www. madras. com. br

Dedico este livro a Rubens Saraceni, a quem tive o privilégio de escolher para ser meu Pai Espiritual. Eu o conheci em 1995 e, desde então, o tenho como Mestre, que se tornou meu amigo e irmão muito querido. Nesta encarnação, Rubens veio com a missão de fundamentar teologicamente a religião Umbanda, por meio de farto material psicografado e da criação de cursos livres de Teologia de Umbanda Sagrada, Desenvolvimento Mediúnico, Sacerdócio de Umbanda Sagrada e Magia Divina. Por meio desse saber, de seus mais de 50 títulos publicados e dos médiuns preparados por ele, foi possível mudar o panorama da Umbanda em São Paulo e, aos poucos, vemos esse movimento alcançando todo o Brasil.

Minha gratidão eterna ao Pai Rubens Saraceni, ao Mestre Rubens Saraceni, ao Sacerdote Rubens Saraceni, ao Médium Psicógrafo Rubens Saraceni, que assumiu sua missão e plantou uma obra que mudou a vida de milhares de pessoas para muito melhor. E, principalmente, ao amigo Rubens Saraceni, dedico esta e todas as outras obras que ainda virão.

Índice

Prefácio

Meu primeiro contato com a Umbanda foi incomum, na cozinha da casa de meu pai. Um amigo da família vinha há algum tempo, periodicamente, fazendo lá alguns trabalhos para harmonizar a vida de casa. Eu, naquele momento, era evangélico, e toda vez que meu pai me convidava, eu sempre negava; mesmo assim, sempre tinha um recado de um tal Exu, para mim, um capeta!

Ficava preocupado com essas "macumbas" em casa, isso rendia algumas discussões.

Um dia resolvi ceder e participar da tal "macumba" da cozinha.

Aquilo tudo era muito estranho: fumaça, velas coloridas, o tal rapaz, amigo da família, cantava sozinho, fazia uma dancinha bem engraçada e era, para mim, muito difícil segurar o riso diante daquela estranheza toda.

Após algumas rezas, cantos e dancinhas, "baixou" um espírito no rapaz; falava enrolado, era bravo, o ambiente ficou tenso. Este se apresentou como Caboclo Flecheiro; a graça deu lugar a um medo. Ele então riscou uns traços no chão, acendeu uma vela, colocou um copo com água e me colocou em cima dessa "macumba". Em poucos segundos, meu corpo começou a vibrar, era algo de dentro para fora; meus dentes batiam, era incontrolável, sentia calafrios e tinha a nítida sensação de que, mais um pouco, eu começaria a pipocar, literalmente, naquele lugar.

Passou um tempo, o tal espírito "subiu" e chegou outro, dizia ser Baiano das Sete Facas; figura engraçadíssima, relaxou o ambiente, fazendo piada com tudo; era um *stand up macumbístico*. Eu me diverti e aproveitei para externar toda a graça que senti no início. Ele brincou, bebeu, conversou e, assim como o Caboclo, falou que eu era médium, tinha de desenvolver. Lembro bem que, no ápice da minha arrogância e prepotência, respondi convicto: "Jamais, isso não é para mim". Então ele riu e fez uma aposta, profetizou uma data e afirmou que estaria ao lado dele incorporado com baiano, fazendo graça para quem fosse. Subiu.

Então o chão tremeu, um som gutural saiu daquele rapaz, alto, pesado, foi dobrado ao chão. O espírito que agora o tomava, de onde estava, expressão tensa, me olhou nos olhos e disparou algumas observações sobre mim das quais só eu sabia, então pensei: "Caramba, este negócio é sério, tem espírito aí!".

Conversamos, ouvi muita coisa e, ao final dessa "macumba", eu estava impressionado com tudo. Mal podia imaginar que nunca mais me afastaria desta experiência, que seria contagiado por um amor absoluto e que neste ambiente teria respostas para minha vida, dando um sentido maior para a existência.

Demorou um pouco, mas aprendi então que aquela "macumba" da cozinha de meu pai era uma religião, ela tinha nome, é Umbanda.

Assim como para muitos outros iniciantes da Umbanda, até aquela época, era muito difícil aprender sobre ela, conseguir distinguir o certo do errado, o que é do que não é ou ter algum consenso, ao menos, entre dois sacerdotes. Tão diversa quanto confusa, a Umbanda era tida como "macumba", no sentido pejorativo da palavra, e isso me feria; não podia falar sobre minha nova religião entre amigos e colegas e isso era angustiante. Foi com ardor que aguentei até um dia conhecer estudos consistentes sobre a religião, era a obra de Pai Rubens Saraceni que estava chegando e dando início a uma mudança de cenário da religião.

No entanto, vi muitos médiuns promissores, fiéis encantados, abandonando a Umbanda por falta de entendimento ou coerência. Ou mesmo, por num dado momento, vir a crer que seria esta a tal "macumba".

Mesmo hoje em dia, não basta dizer que Umbanda não é Macumba, já que ainda temos uma mídia forte atuando no processo de confusão deste tema. É necessário fundamentar esta afirmação, é preciso criar mecanismos de divulgação e expansão de uma nova consciência e de um entendimento teológico da religião.

E é bem isso que meu irmão, mestre, parceiro e amigo Alê realiza em todo seu trabalho como médium, sacerdote, ministrante e acadêmico.

Umbanda não é Macumba é uma obra ímpar neste momento histórico, de linguagem direta e informal; cumpre sua proposta de levar ao leigo, religioso ou não, uma base reflexiva sobre o tema, proporcionando um contraponto mais do que urgente neste período em que muitos querem confundir e estão confusos.

Esta é uma rara oportunidade de parar um pouco e, com calma, degustar, sem moderação, este livro de base.

E, reitero, minha jornada inicial na religião teria certamente sido muito mais fácil, mais prazerosa e produtiva se tão logo tivesse este livro em mãos, pois teria rapidamente entendido que, na cozinha do meu pai, aconteciam giras de Umbanda e que Umbanda não é Macumba!

Boa leitura!

Parabéns, Alê!

Rodrigo Queiroz

Sacerdote umbandista, graduado em Filosofia, fundador do *JUS – Jornal de Umbanda Sagrada*, presidente do ICA – Instituto Cultural Aruanda e diretor da plataforma Umbanda EAD.

Introdução

Este é um livro ideal para quem nunca leu nada sobre Umbanda. Foi pensando no leigo e no curioso que este livro foi escrito. No entanto, creio que esta é uma leitura agradável mesmo para o umbandista mais culto e informado.

A linguagem é simples e objetiva para que todos possam entender. E, caso sinta que este objetivo foi alcançado, peço que recomende este livro a tantas pessoas quantas achar que precisam receber as primeiras letras de Umbanda e assim desmistificar preconceitos e visões distorcidas do que é essa religião.

Aqui se encontram conceitos-chave e básicos da religião; por isso se destina também a educadores e estudantes que procuram demonstrar e compreender um pouco da cultura religiosa brasileira da qual a Umbanda é parte inseparável.

Boa parte dos textos que aqui estão foi publicada no *Jornal de Umbanda Sagrada* ou na *Revista Espírita de Umbanda* e outros são dedicados a este livro. Quase todos os textos foram reescritos para se adequar ao contexto desta pequena obra.

Desejo a todos uma boa leitura e à Umbanda um bom futuro, com menos preconceito e discriminação, o que depende e muito de nós, umbandistas. Desmistificar a Umbanda é trazê-la à Luz para que todos a vejam e a conheçam da forma como ela é em sua essência mais pura. A Umbanda é uma religião linda e encantadora; e, como todas as religiões, é sagrada e divina para seus praticantes. Qualquer coisa diferente disso não é Umbanda, e sim um engano.

O que é Macumba?

Não se conhece uma origem etimológica certa para a palavra macumba nem sua provável tradução, sabe-se apenas que a pronúncia vem das culturas bantu.[1]

Macumba é o nome de um instrumento musical de percussão, um tambor, que era utilizado em cultos afro-brasileiros no Rio de Janeiro. A pessoa que tocava a macumba era chamada de macumbeiro; logo, o culto se autodenominou Macumba, assim como sua dança e práticas, como as oferendas. Em geral, eram cultos de origem africana bantu (Angola/Congo/Cabinda), que incluíam rituais realizados nas encruzilhadas, em que sempre deixavam suas oferendas, entregas e despachos.

Pai Ronaldo Linares, um dos poucos homens vivos que conviveram com Zélio de Moraes, nos conta que presenciou muitas práticas de Macumba no Rio de Janeiro e que, geralmente, era convidado a participar. Ele afirma que o macumbeiro costumava dizer: "Vamos à encruza tocar macumba?". E que ali, na encruzilhada, invariavelmente à noite, era realizado o

1. Minha amiga querida e sacerdotisa Adelaide Scritori, médium da Fundação Cacique Cobra Coral, me disse certa vez que um africano, seu amigo, lhe disse que em um dos dialetos de certa cultura bantu a palavra macumba quer dizer "dançar sobre as águas". Que definição mais linda. Com esta interpretação, gostaríamos todos de ser "macumbeiros", de dançarmos juntos sobre as águas. "Dançar sobre as águas"... muitas vezes é assim que nos sentimos quando estamos incorporados. Nossos Orixás dançam sobre as águas da vida e nós somos convidados a dançar junto deles.

ritual de cantos, danças, incorporação e despacho de um sacrifício animal como oferenda, geralmente de uma galinha junto a outros elementos ritualísticos.

No dia seguinte, todos que passavam por aquela encruzilhada, ao ver a oferenda animal, sabiam que ali havia se realizado uma Macumba. O medo da cultura europeia com relação à magia e à feitiçaria, bem como a ideia de que estas eram práticas pagãs e demoníacas, logo fizeram com que a palavra macumba assumisse uma conotação pejorativa, como sinônimo de magia negativa, a qual se costumava chamar "Magia Negra".[2] O leigo, preconceituoso, acreditava que todas as oferendas na encruzilhada eram uma forma de Macumba e que, invariavelmente, seriam feitas para prejudicar alguém.

Com a popularização pejorativa da palavra macumba, rapidamente, em todo o Brasil, passou-se a identificar os mais variados cultos afro-brasileiros como Macumba e como sinônimo de coisa ruim, prática negativa, o que inclui também uma religião brasileira que carrega forte influência afro: a Umbanda.

É muito comum o preconceituoso chamar qualquer praticante de religião mediúnica ou afro-brasileira de macumbeiro e, com isso, ter certeza de que está empregando a palavra em seu sentido correto, como algo que significa praticar o mal.

Com o passar do tempo, a crítica, o preconceito e a perseguição às macumbas só aumentaram e, assim, seus praticantes procuraram formas e saídas para amenizar esse preconceito. Em torno da década de 1940, surgia o movimento federativo de Umbanda no Rio de Janeiro, junto de uma valorização da Umbanda e a construção teológica de seus fundamentos. A Umbanda está bem representada por uma classe média, culta, esclarecida e bem

2. "Magia Negra" é o termo que se utilizava para identificar "Magia Trevosa", "Magia Negativa", "Magia do Mal", e não se pode negar que embora o "negro" tenha sido utilizado como sinônimo de "escuro" ou "Trevas", também acaba associado à raça negra e, assim, somando preconceito em cima de preconceito por meio da má utilização das palavras.

informada, como fica claro no Primeiro Congresso Nacional do Espiritismo de Umbanda realizado em 1941 por iniciativa da primeira Federação de Umbanda do Brasil e sob as ordens do Caboclo das Sete Encruzilhadas.[3]

Os templos de Umbanda vinham conseguindo se registrar em cartório e legalizar suas práticas. A Umbanda se aproximava das conquistas adquiridas pelo Espiritismo, que já era mais respeitado por se tratar de uma prática europeia defendida por cientistas e intelectuais. Com essa crescente valorização da Umbanda, muitas Macumbas passaram a se identificar com a Umbanda, inclusive assumindo parte de seus valores, como, por exemplo, estabelecer um local certo, como um templo, para realizar seus cultos. Dessa aproximação, surge a "Umbanda Africanista" ou "Umbanda Omolocô", popularizada por Tata Tancredo.

As Macumbas assumem parte da estrutura ritualística de Umbanda e a Umbanda é influenciada pelo colorido das vestimentas e o toque da macumba, que na Umbanda se manifestará por meio do tambor e do atabaque. Há muita confusão entre o que é e o que não é Umbanda; o leigo chama tudo de macumba e o umbandista passa décadas tentando explicar que Umbanda não é Macumba.

Hoje, nenhum culto afro-brasileiro se identifica como Macumba. Os templos de cultura afro-brasileira Bantu são chamados de Candomblé de Angola ou Candomblé de Caboclo. Simplesmente porque, na Bahia, a cultura religiosa afro-brasileira foi valorizada em torno de sua identidade como Candomblé. Há ainda muitas Umbandas Africanistas e boa parte delas se identifica como "Umbanda Omolocô", "Umbanda Angola", "Umbanda Nagô", "Umbanda Gêge", "Umbanda Trançada" ou

---

3. Um dos objetivos desse congresso era justamente separar a Umbanda dos cultos afro-brasileiros, da Macumba, em seus aspectos ritualísticos e teológicos. Esses fatos estão registrados no livro *História da Umbanda*, de Alexandre Cumino, Madras Editora.

"Umbanda Mista", herdeiras de um legado e de uma época que deixam na lembrança e na pele o preconceito que ainda resiste até os dias de hoje.

Não haveria problema algum, para o umbandista, em ser chamado de macumbeiro. Ele simplesmente diria que não toca a macumba e não pratica o ritual da Macumba. No entanto, aqueles que nos chamam de macumbeiros, em sua maioria, não estão interessados em se informar. Quem nos chama de macumbeiros sabe que o termo é pejorativo. Poucos nos chamam dessa forma por desconhecer o que seja Umbanda ou Macumba. A grande maioria que nos chama de macumbeiros é mal-intencionada e sabe que está agredindo verbalmente. O bem-intencionado nunca quer agredir e sempre quer se informar para não cometer uma injustiça, ou se passar por preconceituoso sem o ser.

Antes que se esgote o assunto sobre a Macumba e os macumbeiros, é preciso que se diga algo ainda. É necessário dizer que a Umbanda é uma religião muito descontraída e que seus praticantes muitas vezes se divertem com a ignorância alheia. É preciso dizer que a grande maioria dos umbandistas está pronta a responder que não é macumbeiro e sim umbandista, mas ao mesmo tempo é muito comum ver um umbandista chamando ao outro de macumbeiro. Creio que esta é uma forma de aliviar a pressão do preconceito, brincando e zombando do que lhe oprime. Não sei se algum dia ficará mais claro para a sociedade o que é Umbanda e o que é Macumba, mas continuaremos a dizer, creio, ainda por muito tempo: Umbanda não é Macumba. Umbanda é uma religião brasileira e tem fundamento próprio.

ISTO É MACUMBA!

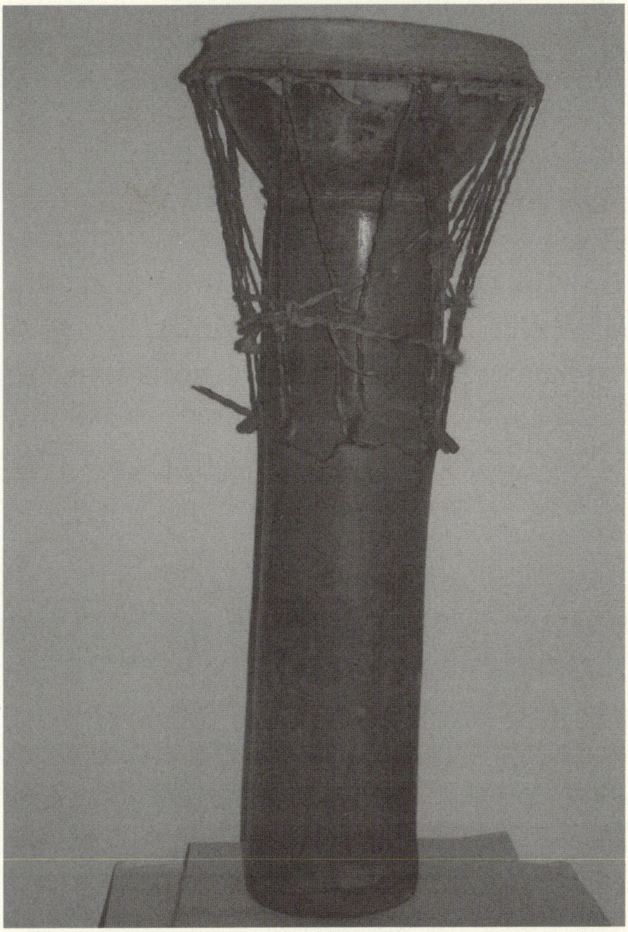

A imagem acima é de uma macumba de Pai Ronaldo Linares. Ele explica que este formato da macumba, feita de bambu, cabaça e couro, é o que permitia carregá-la para os rituais realizados nas encruzilhadas e facilitava na hora em que era preciso fugir da polícia. Portanto, este tambor leve e fácil de carregar é a macumba que emprestou seu nome para o ritual e que fez surgir o macumbeiro, aquele que toca a macumba ou que frequenta e pratica o culto da Macumba.

Umbanda é Religião e Tem Fundamento

A Religião de Umbanda foi fundada aqui no Brasil no dia 15 de novembro de 1908, pelo Caboclo das Sete Encruzilhadas, por meio de seu médium, Zélio Fernandino de Moraes.

Nessa data, em uma sessão espírita, o Caboclo das Sete Encruzilhadas incorporou em Zélio de Moraes e anunciou: "Venho trazer a Umbanda, uma religião que harmonizará as famílias e há de perdurar até o final dos séculos. Amanhã, na casa onde meu aparelho (médium) mora, haverá uma mesa posta a toda e qualquer entidade que queira ou precise se manifestar. Independente daquilo que haja sido em vida, todos serão ouvidos, e nós aprenderemos com aqueles espíritos que souberem mais e ensinaremos àqueles que souberem menos, e a nenhum viraremos as costas nem diremos não, pois esta é a vontade do Pai".

Com estas palavras, o Caboclo das Sete Encruzilhadas fundou o primeiro Templo de Umbanda,[4] a "Tenda Espírita Nossa Senhora da Piedade".

Ali mesmo, o Caboclo previu muitos acontecimentos históricos, como a Primeira e a Segunda Guerra Mundial, e fez algumas revelações, como a de que ele mesmo teria sido em outra

4. Zélio de Moraes designou o termo "Tenda" por se tratar de uma forma de humildade a se referir ao "Templo" da Religião. Aqui para nós Tenda, Centro, Casa ou Terreiro são sinônimos de Templo, onde se pratica a Umbanda.

encarnação o frei Gabriel de Malagrida, sacrificado na fogueira da Inquisição por ter previsto o terremoto que destruiu Lisboa em 1755, e que, em sua última encarnação, teve o privilégio de nascer como um índio brasileiro.

O Caboclo das Sete Encruzilhadas definiu: **"Umbanda é a manifestação do espírito para a prática da caridade".**

Da Tenda Espírita Nossa Senhora da Piedade nasceram dezenas de templos, que se multiplicaram às centenas e estes aos milhares. No entanto, muitos outros templos surgiriam sem nenhuma ligação material com o primeiro templo da Umbanda. Isto se deve ao fato de que a mediunidade de incorporação surge em todos os lugares e, através dela, se manifestam as entidades de Umbanda, independentemente de laços físicos, hierarquia ou iniciações. Isto explica o fato de que muitos praticantes de Umbanda desconhecem a história e a origem de sua religião. E explica também um rápido crescimento da Umbanda entre as décadas de 1930 e 1960, em sentido horizontal, sem um núcleo central ou uma instituição que unisse a todos, pois ela simplesmente se manifesta e pede muito pouco para se manter. Cada templo é uma unidade autônoma que pode fazer a escolha de se filiar, ou não, a uma das tantas federações de Umbanda, também autônomas.

Essa liberdade traz, como crédito, uma religiosidade e espiritualidade muito espontâneas, mas também carrega, como prejuízo, certo descompromisso com o todo.

Por conta dessa forma tão livre e solta como a Umbanda se manifesta, ela é muito questionada e comparada em suas características e fundamentos, com relação a outras religiões mais conhecidas como, por exemplo, o Catolicismo. Vejamos algumas dessas características que geram questionamentos:

A Umbanda não foi codificada, como foi o Espiritismo em sua origem por Hippolyte Leon Denizard Rivail. A Umbanda foi manifestada, enquanto o Espiritismo foi apresentado, explicado e codificado por meio da obra de Kardec (*Livro dos Espíritos*, *Livro dos Médiuns*, *Evangelho segundo o Espiritismo*, *O Céu e o Inferno* e *A Gênese*). Por isso temos muito a aprender com o Kardecismo sobre esclarecimento e eles muito a aprender conosco sobre manifestação.

A Umbanda não possui uma "Bíblia", no entanto, todos os livros sagrados da humanidade são nossos também, temos a liberdade de ler e estudar a Bíblia Cristã, a Torá (Judeu), o Alcorão (Muçulmano), o Tao Te Ching (Chinês), o Zend-Avesta (Persa), os Vedas (Hindu) e tantos outros. Temos a natureza como o livro vivo da vida a ser interpretado por meio de nossos corações.

A Umbanda não tem dez mandamentos, mas nos basta apenas o mandamento maior de Cristo: "Amar ao próximo como a si mesmo e Deus acima de todas as coisas". E assim como todos os cristãos, também seguimos o exemplo de Jesus.

A Umbanda não tem sete pecados capitais (gula, avareza, inveja, ira, luxúria, orgulho e preguiça). Muito menos Pecado Capital, Pecado Original, ou outros tipos de pecado. Pecado é um conceito teológico judaico-cristão, é algo que vai contra a Lei de Deus, como uma desobediência. Entre Judaismo e Cristianismo, a lista de pecados é enorme e alguns são de valor moral, que mudam de uma cultura para outra e de uma época para outra. Desta forma, muito do que já foi considerado pecado no passado já não tem muito sentido de ser em nossa cultura atual. Cremos que Deus nos legou o livre-arbítrio para aprendermos com nossos erros e acertos, e que devemos sentir em nosso coração e mente o que nos faz bem ou mal. O importante é ter consciência de nossos vícios e virtudes para crescer nas virtudes e vencer os vícios.

A Umbanda não possui dogmas. Dogmas são "verdades" religiosas que devem ser aceitas sem questionamento por seus praticantes, como, por exemplo, a virgindade de Maria para os católicos. Na Umbanda, ninguém é obrigado a aceitar nada sem antes questionar, pesar, medir e avaliar. No entanto, o conhecimento doutrinário vai sendo absorvido aos poucos e naturalmente. Nossa doutrina é aberta e inclusiva e, da mesma forma, a própria religião evolui e se adapta às novas realidades.

A Umbanda não tem tabu. Tabu é sempre um assunto interditado, algo que não se pode falar. Na Umbanda, tudo pode e deve ser abordado à luz da razão e do saber. Nenhum assunto é proibido, tudo serve para o crescimento e aprendizado.

A Umbanda não tem segredos. Umbanda não é uma religião de segredo como os Cultos de Nação – Africanos, por exemplo, e o Candomblé Tradicional. Na Umbanda, tudo vai sendo revelado aos poucos aos médiuns; seu conteúdo doutrinário e teológico pode e deve ser escrito, estudado e repassado.

A Umbanda não é uma tradição oral. As religiões de tradição oral têm origem em épocas e povos que não utilizavam a escrita, e seus ensinamentos deveriam ser recebidos de boca a ouvido e guardados na memória. No primeiro templo de Umbanda fundado por Zélio de Moraes, já havia o dever de ler a obra de Kardec e também o livro *O Espiritismo, a Magia e as Sete Linhas de Umbanda*, que é o primeiro livro de Umbanda, publicado em 1933 por Leal de Souza. Essas recomendações constam do regimento interno da Tenda Espírita Nossa Senhora da Piedade, fundada em 1908 por Zélio de Moraes. Se a Umbanda fosse uma tradição oral, seu fundador não estimularia a leitura e muito menos a escrita.

A Umbanda não é, apenas, sincretismo religioso. Sincretismo Religioso é a união de elementos de diferentes religiões, numa mistura ou bricolagem, que nem sempre se harmonizam. A Umbanda possui sincretismo religioso e cultural como reflexo da cultura brasileira. A Umbanda adotou o sincretismo entre santos e Orixás, no entanto, Umbanda não se resume em ser, apenas, sincretismo religioso, justamente por ser uma religião que tem uma unidade fundamental e doutrinária. Afirmar que Umbanda é, apenas, sincretismo religioso é uma forma de diminuí-la enquanto religião.

Umbanda não é uma seita religiosa, Umbanda é religião. O conceito de seita é muito antigo e era utilizado para definir um grupo sectário de dissidentes de uma certa religião à qual passavam a combater ou criticar. Hoje em dia, o termo seita é utilizado para identificar grupos de fanáticos religiosos, que mantêm práticas e conceitos que vão contra o bom senso, que agridem os outros ou a si mesmos. A Umbanda não é um grupo dissidente, não surgiu para se opor a ninguém; não usamos métodos de conversão ou fanatismo doutrinário, as práticas religiosas de Umbanda jamais poderão atentar contra o bom senso ou os valores de moral comum. A Umbanda tem seus fundamentos próprios que devem ser conhecidos por seus praticantes e apresentados aos leigos que tenham interesse em conhecê-la. Nada temos a esconder, e toda prática e filosofia umbandista estão voltadas a fazer o bem para si e para o próximo.

A Umbanda surgiu da necessidade de uma nova realidade espiritual, religiosa e cultural miscigenada. Surgiu do encontro destas culturas: do índio brasileiro, do negro africano e do branco europeu, que, somadas, formaram a base da cultura brasileira. Para uma nova cultura, uma nova nação, um novo povo e novas realidades, nasceu esta nova religião.

As práticas da Umbanda são milenares, como a defumação, magia natural, ritualística, cerimonial, o transe mediúnico, a adoração às divindades e, principalmente, o culto à natureza, onde o divino se manifesta em sua forma mais pura. Essas práticas são tão antigas quanto a própria humanidade. Por essas características são atraídos para a Umbanda espíritos muito antigos, ancestrais, já fora do círculo reencarnacionista, que se adaptam à simplicidade da Umbanda.

Cada templo umbandista possui autonomia ritualística. Mesmo que pertença a um todo, cada uma das partes atua de forma independente em que realiza seus trabalhos, sessões ou atendimentos públicos segundo seu ponto de vista, sem deixar de ser Umbanda. O que há em comum é a essência e não a forma! Assim como em todas as outras religiões, a Umbanda possui uma unidade de identidade central e uma diversidade periférica de práticas. Uma essência única e diversas formas de praticá-la ou compreendê-la. Para o umbandista, podemos dizer que seu templo é Umbanda, mas a Umbanda é muito mais que seu templo. No entanto é preciso alertar que essa autonomia, independência e diversidade é válida apenas enquanto não coloca em risco sua unidade central, ou seja, seus fundamentos básicos.

Estas são algumas das tantas características que confundem ou colocam a Umbanda em uma situação de polêmica da parte de quem pretende compará-la com outras religiões mais conhecidas, tradicionais e estruturadas em organizações mais rígidas ou dogmáticas.

Além de ser muito livre, a Umbanda tem por missão acompanhar a evolução do homem e da sociedade em que vivemos, o que a torna uma religião em constante transformação. Também por estar em evolução e transformação é fácil encontar grupos umbandistas que estarão mais na vanguarda e outros mais conservadores ou tradicionalistas dentro de seus seguimentos.

Pai Benedito de Aruanda, por meio de Rubens Saraceni, afirma:

"A Umbanda traz em si energia divina viva e atuante à qual nos sintonizamos a partir de nossas vibrações mentais, racionais e emocionais, energias estas que se amoldam segundo nosso entendimento do mundo" (Rubens Saraceni, *Umbanda Sagrada*, Madras Editora).

JUS 60 – 04/2005

Fundamentos de Umbanda

Quais são, afinal, os fundamentos da Umbanda?

Os fundamentos de uma religião são a sua base, o alicerce de sua doutrina e ritual.

Na Umbanda, ouvimos falar muito nesta palavra "fundamento", em contextos como: "tal coisa tem ou não fundamento", "isto é um fundamento da religião". A palavra é usada e manipulada à revelia e, neste contexto, perde-se o significado de fundamento e confunde-se o **fundamento do todo** (coletivo) com **fundamentos das partes** (individuais).

Para definir quais são os fundamentos da religião de Umbanda é preciso, antes, definir o que é Umbanda e, neste ponto, já encontramos uma dificuldade enorme para a maioria das pessoas que se apega mais à forma do que à essência. A maioria tenta definir o TODO pelas partes, o geral pelo específico. É preciso, antes, definir quais são as linhas mestras da Umbanda, para, depois, então, identificar seus **FUNDAMENTOS**. Sabemos que a Umbanda possui unidade e diversidade.

Na unidade, está a simplicidade da Umbanda e, na diversidade, está sua complexidade. Na unidade, está o todo e, na diversidade, estão as partes. O todo é algo comum a todas as partes. Logo, fundamentos básicos são aqueles que estão presentes em todas as suas partes ou, ao menos, em sua maioria. Quando falamos de **UMBANDA** (singular e una), estamos falando do todo; quando falamos em umbandas (múltipla e plural), estamos falando das partes. As partes também têm fundamentos; em relação ao todo, esses fundamentos são parciais, são fundamentos desta ou daquela parte, desta ou daquela Umbanda. Aí surgem fundamentos da Umbanda "Branca", "Tradicional", "Esotérica", "Popular", "Mista", "Trançada", "Africanista", "Omolocô", "Eclética", "Iniciática", etc.

Fundamento da parte não é fundamento do todo; logo, fundamento de Umbanda é algo que deve ou pode ser aplicado ao Todo, em todas as partes e liturgias da religião. Podemos chamar essa unidade fundamental de "Fundamento Básico", ou seja, a base fundamental da Umbanda, seja ela de qual vertente for.

Podemos dividir estes "Fundamentos Básicos" em três grupos:

Fundamentos Doutrinários ou Filosóficos;
Fundamentos Litúrgicos ou Ritualísticos;
Fundamentos Estruturais ou Materiais.

→**Fundamentos Doutrinários** dizem repeito ao que a Umbanda acredita, qual é nossa doutrina básica e nossa filosofia de vida segundo a Umbanda. Seguem abaixo os Fundamentos Básicos Doutrinários de Umbanda:

- **Umbanda é uma religião brasileira.** Isto é um fato histórico que deve ser do conhecimento de todo umbandista. No dia 15 de novembro de 1908, Zélio de Moraes, incorporado do Caboclo das Sete Encruzilhadas, anunciou que vinha para trazer a Religião de Umbanda e, a partir daí, passou a dar forma, estrutura e doutrina para a religião.

- **Umbanda é a manifestação do espírito para a prática da caridade.** Este fundamento, assim como o próximo, é uma afirmação de Zélio de Moraes e do Caboclo das Sete Encruzilhadas. Quer dizer que Umbanda é uma religião mediúnica na qual não se cobra a assistência espiritual realizada.

- **Aprender com quem sabe mais e ensinar a quem sabe menos, e a ninguém virar às costas**. A Umbanda recebe a todos, encarnados e desencarnados, sem distinção; o que importa é estar aberto a aprender, crescer e evoluir sempre.

- **Cremos em Deus, em Cristo, nos Orixás e nos nossos Guias Espirituais.** Somos uma religião monoteísta que crê em Jesus e na verdade máxima de amar ao próximo como a si mesmo. Cremos nos Orixás enquanto divindades que manifestam qualidades de Olorum, Deus Único. Essas crenças nos são ensinadas por nossos Guias Espirituais, aos quais seguimos na qualidade de Mestres da Espiritualidade e da Vida.

- **Cremos no Anjo da Guarda.** É costume umbandista acender uma vela de sete dias e oferecer ao seu Anjo da Guarda, pedindo proteção. Ter sempre acesa uma vela ao Anjo da Guarda traz segurança mediúnica e proteção espiritual, que se estende ao campo emocional e racional do médium. Claro que, como qualquer outra forma de proteção espiritual, depende do merecimento e da postura desse médium diante da vida e de seu círculo de relacionamentos.

- **Semeadura livre e colheita obrigatória.** Cremos no livre-arbítrio, nessa liberdade que todos têm de fazer o que bem entender de sua vida; no entanto, é certo que todos colhem o que plantam sempre. Somos inspirados, instruídos e orientados a fazer um bom plantio, o que consiste em aprender a ouvir e a seguir nosso coração. Para tanto é fundamental equilibrar razão e emoção. A

Umbanda não é moralista; no entanto, pede, sempre, ética e bom senso.

- **Seja Feliz.** Ser Feliz e buscar esta felicidade é a base de toda a doutrina e filosofia de Umbanda. Para ser feliz é fundamental aprender a ouvir e seguir seu coração e sua verdade. Para tanto, faz-se necessário despertar uma consciência maior de seus sentimentos, pensamentos, palavras e ações, esforçando-se para que estejam sempre na mesma verdade. Quem é feliz não agride, nem a si nem aos outros, de nenhuma forma.

- **As "sete linhas de Umbanda" são um fundamento** doutrinário e filosófico muito polêmico e discutido desde os primórdios da religião. Cada um cria, ou inventa, as suas sete linhas de Umbanda particulares. No entanto, basta saber que o fundamento das sete linhas se refere às sete vibrações de Deus, que são sete energias básicas na criação. Existem muitos Orixás, muito mais do que sete. Cada grupo adapta as sete linhas para os Orixás que já conhece. Com um estudo mais aprofundado, é possível identificar todos os Orixás conhecidos nas mesmas sete vibrações, as sete linhas de Umbanda. Certa vez, um guia me falou: "Filho, quando lhe perguntarem o que são as sete linhas de Umbanda, diga que são as sete formas que Deus tem de nos Amar".

→**Fundamentos Litúrgicos** são os fundamentos pertinentes ao ritual, sua liturgia, a forma e peculiaridades presentes nas sessões, giras ou trabalhos de Umbanda. Seguem os Fundamentos Básicos Litúrgicos de Umbanda:

- **A Umbanda é uma religião mediúnica.** Em todo ritual de Umbanda vemos a incorporação de espíritos, nos quais eles se manifestam para dar o atendimento espiritual às pessoas que procuram a Umbanda.

- **Os espíritos assumem arquétipos para trabalhar na Umbanda.** As entidades, guias de Umbanda, se apresentam em linhas de trabalho, ou falanges, nas quais se identificam como Caboclo(a), Preto-Velho(a), Criança, Exu, Pombagira, Baiano(a), Boiadeiro, Marinheiro e Cigano(a). Esses arquétipos são formas de se apresentar que respeitam todo um contexto de sentido com relação ao universo umbandista.

- **O ritual de Umbanda possui começo, meio e fim.** O ritual em si pode variar um pouco de templo para templo, mas, em sua maioria, segue um roteiro bem simples. Geralmente começa com uma preleção aos consulentes, oração, saudação aos Guardiões, saudação ao altar (bater cabeça), hino da Umbanda, defumação, abertura dos trabalhos, canto das sete linhas, saudação aos Orixás e mentores do templo – podendo ou não incorporá-los, chamada de incorporação da linha de trabalho que irá se manifestar para o atendimento de todos os consulentes –, encerramento e fechamento dos trabalhos, oração final de agradecimento. Essa ordem pode variar um pouco. É possível que nem tudo esteja presente em todos os rituais, é possível ter mais elementos litúrgicos e é possível chamar mais de uma linha de trabalho para atendimento num mesmo ritual.

- **A defumação é um fundamento de Umbanda** e consiste em queimar ervas secas e resinas, devidamente escolhidas, num recipiente (turíbulo) contendo carvão em brasa, com o objetivo de promover uma limpeza astral por meio da fumaça aromática e sua ação mágica.

- **A música é um fundamento de Umbanda**. A nossa música sagrada é chamada de "pontos de Umbanda". Para executá-la, não é obrigatório o uso de atabaques, mas, a cada dia, vemos mais terreiros aderindo ao som dos atabaques que, quando bem tocados, auxiliam nos trabalhos espirituais. O som grave da percussão de couro, ou similar, trabalha o nosso chacra básico e a energia da terra, o que ajuda o médium a sintonizar com uma força primordial e parar um pouco a cabeça. Voltando-se à terra, a mente para um pouco de pensar e atrapalhar o processo mediúnico. Para cada momento do ritual há uma música ou um ponto adequado a ser cantado ou tocado.

- **O uso das velas é um dos fundamentos de Umbanda;** por mais simples que for o trabalho espiritual, sempre existe, no mínimo, uma vela acesa. Acendemos velas para os Orixás e guias de Umbanda. A vela potencializa e perpetua os pedidos e orações dos adeptos das religiões. Muitos têm medo de acender velas em suas residências, no entanto, o umbandista sabe que, quando uma vela tem "dono" espiritual, nada de mal pode ser desencadeado por meio dela, pois a força a que ela está ligada sempre se manifestará para proteger o fiel umbandista.

- **O uso de símbolos riscados no chão é um fundamento** mágico da religião de Umbanda, magística por excelência. São os "pontos riscados", por meio dos quais as entidades espirituais traçam "espaços mágicos", abrem vórtices de energia e campos de vibração para limpeza, descarga, cortes de energia, imantação, consagração e também para evocar as forças, poderes e mistérios dos Orixás. Essa "Magia de Pemba" é presente desde o nascimento da religião e constitui um vasto campo de estudos, polêmicas e realizações. Existem muitas formas de grafias e escritas mágicas. Os guias de Umbanda têm um modo particular de escrever sua magia por meio de um giz mineral chamado de "pemba".

- **O fumo é um fundamento de Umbanda**, que muitos confundem com o vício de fumar. As entidades de Umbanda manipulam o fumo, uma erva sagrada, nas formas mais variadas, como charuto e cachimbo, promovendo uma defumação direcionada pelo sopro associado a seu poder curativo e purificador. Um fumante fuma, um guia de Umbanda defuma e não traga a fumaça em respeito a seu médium.

- **A bebida é um fundamento de Umbanda**. Assim como o fumo, confunde-se a manipulação de bebida com o vício de beber. As entidades de Umbanda não precisam beber, elas usam a bebida como recurso de limpeza e purificação. As bebidas são consagradas pelas entidades e também podem ajudar na criação de um ambiente e contexto que sejam familiares ao consulente. São colocadas em pontos mágicos, e quando ingeridas é com muita moderação. Quando o médium não pode beber, seu guia deve respeitar.

- **Banhos de ervas são um fundamento de Umbanda**, um dos recursos mais utilizados por guias e médiuns de Umbanda é promover uma limpeza espiritual e energética pessoal com banhos feitos à base de infusões de ervas com propriedades que vão desde atrair uma força até a neutralização ou purificação de energias negativas.

- **Oferendas na Natureza são fundamento de Umbanda.** Muitos desses fundamentos são práticas milenares, como o caso das oferendas às divindades em seus pontos de força na natureza. Por meio das oferendas, o praticante reconhece a importância do contato com a natureza e a relação da mesma com os Orixás. As divindades não se alimentam das oferendas. Este ato de ofertar traz efeitos emocionais aliados a ações mágicas que realizam verdadeiras transformações na vida daqueles que se colocam de frente para as divindades com respeito, humildade, devoção e reverência.

→**Fundamentos Estruturais** são pertinentes à estrutura material da religião. Veja a seguir a estrutura mínima, básica e necessária à prática da religião de Umbanda. Seguem Fundamentos Básicos Estruturais da Umbanda:

- **O Templo faz parte do fundamento de Umbanda.** Todos os grupos de praticantes procuram estabelecer um local no qual seja possível organizar uma estrutura de templo. Mesmo que no início da formação de alguns grupos essa estrutura seja provisória e adaptada em um dos cômodos de uma casa ou mesmo em um apartamento, ali se cria uma estrutura com altar, tronqueira, área dos médiuns e área dos consulentes. Esse é o templo de Umbanda. Consciente ou inconscientemente, o grupo edifica um templo. Isso tem muito a ver com o fato de que a Umbanda, embora cultue a natureza, é uma religião moderna e essencialmente urbana.

- **Ter um Altar** no qual se firmam e assentam os Orixás por meio de velas e outros elementos minerais ou vegetais é um fundamento de Umbanda. Por menor que seja a estrutura de um templo, sempre será possível identificar a presença de um altar.

- **Ter uma tronqueira firmada ou assentada.** Tronqueira é o nome que se dá ao local onde se acendem as velas para os Guardiões de Esquerda do Templo (Exu e Pombagira). Ali eles são firmados e assentados. Estabelecer uma tronqueira ao menos com um mínimo de elementos já estabelece uma força e proteção ao templo com relação às energias e ações negativas. A grande maioria dos templos de Umbanda possui uma tronqueira ou algum ponto de força no qual se descarregam as energias negativas, como um cruzeiro, por exemplo.

Não é um fundamento de Umbanda cobrar pelos trabalhos de atendimento espiritual. Mas é comum que, num templo, tenda ou centro, os médiuns se unam para pagar as contas, ou dar uma contribuição mensal. Bem diferente de cobrar por um atendimento. Aqui o fundamento de Umbanda está na questão da prática da caridade espiritual, que não deve ser confundida com exploração. Para evitar que médium se sinta explorado, ou usado, pelas pessoas ou por espíritos, é que normalmente se definem dias e horários para os atendimentos mediúnicos, de forma que os mesmos não atrapalhem o ritmo de vida de cada um. Há médiuns que podem disponibilizar um ou dois dias da semana para o trabalho de atendimento, outros apenas de quinze em quinze dias. Cada um tem a sua medida e sabe de seus compromissos e necessidades. Cada um faz o que pode e dá o que tem. O importante é encontrar uma medida saudável.

Sacrifício animal não é um fundamento de Umbanda, o que quer dizer que para se praticar Umbanda não é necessário fazer sacrifício animal, e que a grande maioria dos terreiros de Umbanda não pratica o sacrifício animal. As práticas de sacrifício surgem, em alguns seguimentos de Umbanda, por influência do Candomblé e de outros cultos de nação. Geralmente, os terreiros que adotam sacrifícios animais se denominam como tendas de “Umbanda Africanista”, que podem ser chamadas também de "Umbanda Mista", "Umbanda Trançada", "Umbanda Omolocô", ou "Umbandomblé". Este último pode se aproximar dos terreiros de Candomblé que passaram a trabalhar com entidades de Umbanda (Caboclos, Pretos-Velhos, etc.), ou vice-versa. Nesse caso, é difícil definir se é Umbanda ou Candomblé, embora sejam duas religiões distintas e com diferentes fundamentos.

A Umbanda não possui verdades inquestionáveis (dogmas) nem assuntos proibidos ou interditados (tabus). No entanto, para falar de fundamentos é essencial ter conhecimento de causa, conhecer profundamente o assunto e, no caso da Umbanda, conhecer sua história, doutrina, teologia, liturgia, ritualística, etc. Caso contrário, como diria meu amigo, irmão e mestre Rubens Saraceni: "Tudo permanece no campo de uma ciência chamada 'achologia', um campo de incertezas e divagações".

Este texto originalmente foi publicado em duas partes no *Jornal de Umbanda Sagrada*, depois foi complementado formando um único texto, o qual tive a oportunidade de publicar como prefácio para o livro *Fundamentos Doutrinários de Umbanda*, de Rubens Saraceni (Madras Editora). Agora o texto foi refeito, reorganizado e estruturado para oferecer uma leitura mais didática com relação aos **Fundamentos Básicos de Umbanda.**

JUS 143 e 144 – 04 e 05/2012.

Origens da Umbanda

Nada surge do nada, nada há de novo sob o sol; todas as religiões se formam de cultos e culturas anteriores, que lhe emprestaram símbolos, ritos e mitos combinados e ressignificados; assim foi com o Judaísmo, Cristianismo, Islã, Hinduísmo, Budismo, etc. e não seria diferente com a Umbanda. **A Umbanda, enquanto um organismo vivo,** nos possibilita reconhecer sua ancestralidade na forma de uma árvore genealógica, identificando suas "origens". Nossa proposta aqui é apresentar estas raízes diversas, para, em seguida, levantarmos a questão de seu nascimento ou concretização no mundo material.

ORIGEM ESPÍRITA ("KARDECISTA")

A primeira manifestação de Umbanda foi a incorporação do Caboclo das Sete Encruzilhadas no médium Zélio de Moraes, ao que consta, dentro da recém-fundada Federação Espírita de Niterói. Zélio não era espírita, embora seu pai fosse simpatizante. De qualquer forma, o que ele encontrou na filosofia e prática, codificada por Allan Kardec, serviria como base para a criação da Umbanda, de tal modo que, durante muitas décadas, costumava-se defini-la como "Espiritismo de Umbanda".

O próprio Zélio se identificava como "espírita", assim como sua filha Zilméia de Moraes. Na Tenda Espírita Nossa Senhora da Piedade, sempre havia uma "Mesa Branca" posta para as comunicações do "Chefe" (Caboclo das Sete Encruzilhadas).

ORIGEM AFRICANA

A palavra umbanda já existia na África antes de surgir a religião de Umbanda no Brasil. Aqui e lá, esta mesma palavra se refere a práticas rituais que guardam semelhanças e diferenças, pois não são a mesma coisa. Esse fato cria algumas confusões com relação à origem da Umbanda.

Em nosso ponto de vista, a Umbanda tem várias origens diferentes e a africana é uma delas, com a mesma importância que as outras. Ainda assim, houve, no meio umbandista, aqueles que defendessem "A" origem africana como única fonte original da religião, o que a tornaria afro-brasileira.

ORIGEM INDÍGENA

De sua raiz indígena, a Umbanda recebe o amor à natureza e influência do xamanismo caboclo e pajelança, bem como o uso do fumo, que é considerado erva sagrada para os índios.

Um culto irmão da Umbanda, o Catimbó, Jurema ou Linha dos Mestres da Jurema, também realiza trabalhos com entidades espirituais de forma muito parecida com esta, sob influência direta do Toré, que é uma prática essencialmente indígena.

A Umbanda e o Catimbó trabalham com algumas entidades em comum como, por exemplo, o tão conhecido Mestre Zé Pelintra, juremeiro muito presente na Umbanda.

O uso de chás, banhos de ervas e defumações é algo em comum para indígenas, africanos e europeus. Em muitas Tendas de Umbanda, vê-se o uso do maracá (chocalho indígena) e outros elementos como penachos e cocares, usados pelas entidades incorporadas, que dá todo um ar indígena para a Umbanda.

ORIGEM CRISTÃ E ORIGEM CATÓLICA

O Cristianismo faz parte da cultura brasileira e está profundamente enraizado no inconsciente coletivo desse povo, que, mesmo quando se tornam budistas, não deixam de se considerar cristã, por encontrarem enorme coincidência entre a ética budista e a de Cristo. O mesmo ocorre com outras religiões: candomblecistas, umbandistas, kardecistas, hare krishnas e até alguns muçulmanos brasileiros se consideram cristãos; se não abertamente, na intimidade, com os amigos, tal fato é revelado.

Zélio Fernandino de Moraes funda a primeira tenda de Umbanda e lhe dá o nome de Tenda Espírita Nossa Senhora da Piedade, "porque, assim como Maria acolheu Jesus, a Umbanda acolherá os filhos seus".

De todos os elementos católicos na Umbanda, um que chama muito a atenção é o sincretismo entre santos católicos e Orixás. O sincretismo une dois elementos ou ideias e cria uma terceira, composta e derivada destas.

Assim, reconhecemos que a Umbanda não criou o sincretismo entre Santos e Orixás, ela apenas absorveu a prática já usada nos barracões dos diferentes cultos afros, todos cristianizados para sobreviver na "Terra de Santa Cruz", ou seria de "Vera Cruz"? O fato é que santa ou vera, a cruz foi sentida no tronco e o chicote a castigar quem praticasse "africanismo", considerado "feitiçaria dos negros".

ORIGEM MÁGICA

Boa parte dos autores umbandistas afirma que Umbanda é Magia, encontrando, na mesma, o sentido e a origem de ser da religião. O que fundamenta esse raciocínio é a larga utilização de elementos mágicos e rituais nas práticas umbandistas. Observamos desde trabalhos mais requintados sugeridos pela literatura umbandista até a forma mais popular de magia, como benzimentos, rezas fortes, passes (imposição de mãos), receitas de banhos e chás.

As entidades de Umbanda manifestam diferentes procedimentos para realizar sua magia, o que pode ser justificado pela variedade cultural que se mostra por meio do arquétipo assumido por elas como Caboclo, Preto-Velho, Baiano, Boiadeiro,

Marinheiro, Orientais (chineses, hindus, persas e outros), Exus e Pombagiras. A rigor, cada um tem a sua magia, no entanto, as práticas transitam entre xamanismo, pajelança, magia afro-ofertatória (relacionada com os Orixás e suas oferendas), teurgia (magia europeia) e o que se pode chamar de Magia de Umbanda, práticas comuns a quase todas as entidades, como o uso de pontos riscados, que consistem em signos e símbolos mágicos riscados no chão com um giz chamado de "pemba". Durante as práticas, é combinado um conjunto de elementos, como velas, fumo, bebida, ervas, espadas, punhais, pedras, correntes, ponteiros e outros.

ORIGEM ESPIRITUAL

Como Origem Espiritual, colocamos a certeza dos umbandistas de que sua religião foi organizada no astral pelos Caboclos e Pretos-Velhos, para depois ser implantada no Brasil. Muitos médiuns que nunca tiveram um contato físico na matéria com a Umbanda se viram incorporados de um espírito que vem falar em nome da Umbanda; isso é muito comum e repete aquilo mesmo que aconteceu com Zélio de Moraes. Esses fatos mostram que a Umbanda preexiste no astral antes de ser fundada na matéria.

ORIGEM MÍTICA

Origem Mítica é a busca por um Mito Fundante, um Mito Original ou, se preferir, uma Raiz Mítica para a Umbanda.

Vamos encontrar nas religiões e ordens místico-filosóficas os mais variados tipos de "Mitos Fundantes", como o mito de Adão e Eva para o Judaísmo, Cristianismo e Islamismo; o mito de Olorun e Oxalá na cultura Yorubá; o mito de Urano, Cronos e Zeus na cultura grega; o mito de Aton, Ptah e Amon na cultura egípcia, e outros mais; cada religião possui seus mitos para lhe dar sentido.

Intelectuais umbandistas da década de 1940 criaram um "Mito Fundante" moderno que se iguala à teoria da Teosofia como a origem de todas as religiões, ou de um discurso antigo no qual o Cristianismo pregava ser a religião verdadeira perdida no início dos tempos e resgatada por Cristo. Na Umbanda, esse mito recebeu o nome de AUMBANDÃ, apresentado no Primeiro Congresso de Umbanda, em 1941, por Diamantino Coelho em nome da Tenda Espírita Mirim. Nesse mito, AUBANDÃ é a religião pura e verdadeira, origem de todas as religiões, praticada na Atlântida e em Lemúria, a qual se perdeu e se deturpou dando origem a diversas religiões. Seu culto deturpado passou da Atlântida para a Índia, desta para a África e teria chegado ao Brasil, dando origem aos cultos afro-brasileiros. A Umbanda seria um projeto de resgate dessa religião perdida.

Essa teoria se inspira no esoterismo europeu e marcou uma fase de expansão da Umbanda Esotérica, numa época em que teorias de ocultismo, esoterismo e cientificismo foram muito importantes para aqueles que tinham uma necessidade de mostrar uma certa cultura intelectual na Umbanda, para provar seu valor. Hoje, essa teoria é aceita por poucos devido ao fato de que a teoria por si só não tem um fundamento além da especulação. Mesmo que Atlântida tenha existido, qualquer prática religiosa ou espiritualista que possa ter havido lá está há milênios de anos-luz distante da nossa Umbanda, religião do Caboclo e do Preto-Velho, de sincretismos culturais modernos e brasileiríssima, fundada por um brasileiro.

JUS 139 – 12/2011.

Obs.: Este texto faz parte do livro *História da Umbanda*, de Alexandre Cumino (Madras Editora).

Fundada ou Anunciada?

Carta à Umbanda – São Paulo, 16 de maio de 2008.

Umbanda,

Chegamos ao ano de seu centenário. Neste ano, iremos comemorar seu aniversário, são 100 anos de vida! Comemoramos o seu nascimento no dia 15 de novembro de 2008.

Todos concordam que, nesse dia, você veio à luz, pois todos estão comemorando o seu aniversário. No entanto, é desconhecida a forma que se deu o seu parto, não se sabe se por fundação ou anunciação, não sabem se foi cesárea ou parto normal.

Entendo que não deveria haver dúvida sobre uma questão tão simples e, muito menos, deveria polemizar, como se fizesse tanta diferença dizer que você foi trazida, anunciada ou fundada. Todos entendem e concordam que você já existia no astral antes dessa data.

Mas as crianças também não existem no astral antes de nascer? E o que vale, aqui na terra, não é sua data de nascimento carnal e quem são os seus pais?

Os pais não são criadores do seu espírito, mas são criadores de seu corpo, de sua forma. Assim como os homens, você já existia em essência, antes de nascer. Seria apenas uma anunciação, se não tivesse sido concretizada no plano material, se não tivesse tomado forma.

Bem, então, podemos dizer que o Caboclo das Sete Encruzilhadas anunciou sua chegada e Zélio de Moraes lhe deu condições de materializar-se; literalmente, deu-lhe a forma material de concretização. Mais que isso, esse homem deu sua vida por você, assim como pais dão a vida por seu filhos.

Talvez, agora, eu esteja lhe entendendo; afinal, sua essência fala dentro de cada um de nós.

Pois bem, o Caboclo das Sete Encruzilhadas anunciou e Zélio de Moraes fundou; afinal, o que é um fundador senão aquele que traz algo do mundo dos deuses para este nosso mundo?

Em tempo: Para que não se dê margem a dúvidas sobre quem é seu pai, ou melhor, seu anunciador e fundador, coloco abaixo o significado das palavras fundar e anunciar, segundo o dicionário *Aurélio Buarque de Holanda*:

FUNDAR – 1. Assentar os alicerces de (construção); 2. Edificar, construir. 3. Criar, estabelecer. 4. Apoiar, basear.

ANUNCIAR – 1. Dar a conhecer; noticiar. 2. Pôr anúncio de; 3. Indicar, prenunciar; 4. Promover, custear a divulgação de anúncio.

Acredito que todos sabem que, muito mais do que "dar a conhecer; noticiar", Zélio de Moraes "assentou os alicerces" da Umbanda, "edificou e construiu" a primeira tenda de Umbanda e, mais ainda, "criou e estabeleceu", mediunicamente, as normas e regras básicas da religião, que é "a manifestação do espírito para a caridade", "aprender com quem sabe mais e ensinar a quem sabe menos".

E nesse fato se "apoia e baseia" o centenário da Umbanda e seu nascimento no dia 15 de novembro de 1908.

Espero, assim, ter contribuído para o entendimento de que a Umbanda não apenas foi anunciada pelo Caboclo das Sete Encruzilhadas, mas, sim, foi fundada e fundamentada por Zélio de Moraes.

JUS 96 – 05/2008.

Zélio de Moraes – Legítimo Fundador da Religião

O surgimento da Umbanda se dá com a fundação do primeiro Templo de Umbanda e a estruturação de seu ritual, que é único e define a prática da religião. Tudo isso foi realizado por Zélio de Moraes e o Caboclo das Sete Encruzilhadas.

Quando se fala de Zélio de Moraes, não pode haver dúvidas: Zélio de Moraes é o fundador da Religião Umbanda! O que não significa que foi por meio dele que aconteceram as primeiras manifestações de espíritos como Caboclo, Preto-Velho, ou de quaisquer outras entidades. Isto porque há muita confusão entre origem da Umbanda e origem das manifestações de Caboclo e Preto-Velho, que são coisas distintas.

Para ilustrar a questão, podemos fazer uma comparação com Allan Kardec. Antes de Allan Kardec estudar e codificar o Espiritismo em suas cinco principais obras, já havia registros antiquíssimos de manifestação espiritual. Pensando assim, seria lógico afirmar que a Doutrina Espiríta tem milhões de anos? **NÃO**. Porque a Doutrina Espírita somente passou a existir em 18 de abril de 1857, a partir do momento em que Allan Kardec lançou os fundamentos de uma doutrina que se espalhou através do mundo com a publicação do *Livro dos Espíritos*. Então, Kardec não criou nem inventou a manifestação de espíritos, mas ele criou o Espiritismo no momento em que codificou a doutrina dos espíritos.

Zélio de Moraes não criou nem inventou a incorporação de Caboclos e Pretos-Velhos, mas ele, junto do Caboclo e do Preto-Velho, criou e idealizou um ritual autêntico e único, uma nova religião chamada Umbanda.

Independentemente das manifestações espirituais ao longo do tempo, o termo Umbanda simplesmente não existia no Brasil como sinônimo de religião. A palavra Umbanda existe na língua quimbundo, falada em Angola, e lá Umbanda determina uma prática de xamanismo, do Kimbanda Africano, sem culto organizado, templo ou estrutura de religião. E, claro, uma prática que guarda semelhanças com a religião de Umbanda, mas que está longe de ser confundida com esta. O que entendemos por Religião de Umbanda é fruto de muitas culturas, cultos e filosofias, como a católica, espírita, indígena e afro, de várias vertentes, como a Nagô-Yorubá, Gege-Fon, Angola-Congo e outras, o que inexiste na prática angolana do Kimbanda.

No Rio de Janeiro, naquele início do século 1900, eram populares os Candomblés (culto afro-brasileiro Nagô-Yorubá) e, com o tempo, se popularizaram as "macumbas" (culto afro-brasileiro Bantu) que recebiam esse nome por causa de um tambor chamado macumba. Os praticantes desta modalidade de culto se reuniam nas encruzilhadas para ali realizar seu culto, ou seja, fazer sua macumba, tocada pelo macumbeiro, que não era nada menos que o tocador de macumba, do tambor.[5] Não havia o ritual de Umbanda antes de 1908, antes de Zélio de Moraes.

Sem dúvida a antiga macumba era um ritual que guardava semelhanças com a Umbanda. Tão semelhante quanto são

5. No livro *As Religiões do Rio*, publicado em 1904, o autor pesquisou todas as expressões religiosas no Rio de Janeiro daquela época e ali aparece o Candomblé e a Macumba; no entanto, é desconhecido algo que se identifique como Umbanda.

o Candomblé, o Espiritismo e até o Catimbó, dos Mestres da Jurema, praticado no Nordeste. Todos esses cultos e religiões mediúnicas são semelhantes na prática do transe de incorporação, mas não são a mesma coisa.

A manifestação de espíritos, por si só, não é uma religião. Essa manifestação passa a ser religião quando há um grupo de pessoas comungando de uma mesma doutrina. Esse grupo estabelece ritual, templo, reuniões públicas e tudo o mais que achar conveniente à sua religião, o que independe de ter um texto sagrado, a crença em Deus ou que siga moldes das outras religiões.

O marco zero da religião de Umbanda está na fundação do seu primeiro templo, onde surgiu, de fato, uma liturgia, um ritual e uma estrutura para que esta religião viesse a ser praticada, o que antes não existia.

Foi a partir desse templo que se organizou e definiu a religião de Umbanda, em primeira instância, sob a orientação do Caboclo das Sete Encruzilhadas, e, com o tempo, assim como em todas as religiões, a Umbanda teve dentro de si e a partir de si variações de ritual, sem, no entanto, perder sua identidade.

Texto escrito a partir da transcrição do programa "A Magia da Vida", de Rubens Saraceni, com participação de Alexandre Cumino, transmitido pela Rádio Mundial em 20/9/2010.
JUS 125 – 10/2010.

O Pai da Umbanda

A primeira manifestação do Caboclo das Sete Encruzilhadas, entidade que veio para fundar a Umbanda, em seu médium Zélio Fernandino de Moraes se deu no dia 15 de novembro de 1908. Nessa data, ele anunciou que vinha para trazer uma nova religião, bem como a criação do primeiro templo desta religião, a sua "Igreja", a "**Tenda Espírita Nossa Senhora da Piedade**".[6]

Por isso, os fatos que ali aconteceram são de fundamental importância a todos nós, como fatos históricos que marcam profundamente **o nascimento da Umbanda no plano material**.

Zélio Fernandino de Moraes nasceu no dia 10 de abril de 1892, no distrito de Neves, município de São Gonçalo – Rio de Janeiro. Filho de Joaquim Fernandino Costa (oficial da Marinha) e Leonor de Moraes. Em 1908, aos 17 anos, Zélio havia concluído o curso Propedêutico (Ensino Médio) e preparava-se para ingressar na Escola Naval, a exemplo de seu pai, quando fatos estranhos começaram a acontecer na vida dele. Em alguns

---

6. Zélio explica que se chama Tenda e não Igreja para que, mesmo no nome, sua representação de Templo seja sinônimo de humildade. Os demais Templos da religião com o tempo passaram a se denominar Centros de Umbanda e Terreiros de Umbanda. Não importa como se identifique, são templos da religião. O termo espírita é utilizado, pois na época o Espiritismo já havia conquistado espaço na sociedade e Zélio entendia que a Umbanda, enquanto religião, seria uma nova modalidade de Espiritismo ou que teria este por base para suas atividades.

momentos, Zélio era visto falando manso, com a postura de um velho, em sotaque diferente de sua região, dizendo coisas aparentemente desconexas. Em outros momentos, parecia um felino lépido e desembaraçado, mostrando conhecer todos os mistérios da natureza. Isso logo chamou a atenção da família, preocupada com a situação mental do menino que se preparava para seguir carreira militar.

Como os "ataques" se tornaram cada vez mais frequentes, Zélio foi encaminhado a seu tio, Dr. Epaminondas de Moraes, médico psiquiatra e diretor do Hospício da Vargem Grande. Após vários dias de observação, não encontrando seus sintomas em nenhuma literatura médica, sugeriu à família que o encaminhasse a um padre, para que fosse feito um ritual de exorcismo, pois desconfiava que seu sobrinho estava endemoniado. Foi chamado um outro parente, tio de Zélio, padre católico que realizou o dito exorcismo para livrá-lo da possível presença do demônio e saná-lo dos ataques. No entanto, este e outros dois exorcismos, acompanhados de outros sacerdotes católicos, não resolveram a situação e as manifestações prosseguiram.

Algum tempo depois, Zélio foi tomado por uma paralisia parcial, a qual os médicos não conseguiam entender. Um belo dia, Zélio levanta-se de seu leito e diz: "amanhã estarei curado", e, no dia seguinte, começou a andar como se nada tivesse acontecido. Um amigo sugeriu encaminhá-lo à recém-fundada Federação Espírita de Niterói,[7] município vizinho a São Gonçalo das Neves, onde residia a Família Moraes. A Federação era então presidida pelo Sr. José de Sousa, chefe de um departamento da Marinha chamado Toque Toque.

Zélio Fernandino de Moraes foi conduzido a essa Federação no dia 15 de novembro de 1908, na presença do Sr. José

7. Nessa data, a Federação Espírita de Niterói não tinha ainda uma sede própria e funcionava de forma provisória no Centro Espírita Santo Agostinho.

de Sousa, estando em meio aos ataques reconhecidos como manifestações mediúnicas. Convidado a sentar-se à mesa, logo em seguida se levantou, contrariando as normas da sessão estabelecidas pela instituição, e afirmou que ali faltava uma flor. Foi até o jardim, apanhou uma rosa branca e colocou-a no centro da mesa onde se realizava o trabalho. Tendo início os trabalhos mediúnicos, os médiuns incorporaram espíritos de negros que haviam sido escravos. Diante deste fato, foram convidados a se retirar e desincorporar.

Zélio se levanta e pergunta:

– Por que espulsam estes humildes? O Sr. José de Sousa, que possuía também a clarividência, verificou a presença de um espírito manifestado através de Zélio e passou ao diálogo a seguir:

Sr. José: Quem é você que ocupa o corpo deste jovem?

O espírito: Eu? Eu sou apenas um caboclo brasileiro.

Sr. José: Você se identifica como caboclo, mas vejo em você restos de vestes clericais.

O espírito: O que você vê em mim são restos de uma existência anterior. Fui padre, meu nome era Gabriel Malagrida. Acusado de bruxaria, fui sacrificado na fogueira da Inquisição por haver previsto o terremoto que destruiu Lisboa em 1755. Mas, em minha última existência física, Deus concedeu-me o privilégio de nascer como um caboclo brasileiro.

Sr. José: E qual é seu nome?

O espírito: Se é preciso que eu tenha um nome, digam que eu sou o CABOCLO DAS SETE ENCRUZILHADAS, pois para mim não existirão caminhos fechados. Venho trazer a Umbanda, uma religião que harmonizará as famílias e que há de perdurar até o final dos séculos.

E no desenrolar da conversa, Sr. José pergunta ainda se já não existem religiões suficientes, fazendo inclusive menção ao Espiritismo.

O espírito: Deus, em sua infinita bondade, estabeleceu na morte o grande nivelador universal; rico ou pobre, poderoso ou humilde, todos se tornam iguais na morte. Mas vocês, homens preconceituosos, não contentes em estabelecer diferenças entre os vivos, procuram levar essas mesmas diferenças até mesmo além da barreira da morte. Por que não podem nos visitar estes humildes trabalhadores do espaço, se apesar de não haverem sido pessoas importantes na Terra, também trazem importantes mensagens do além? Por que o não aos Caboclos e Pretos-Velhos? Acaso não foram eles também filhos do mesmo Deus?... Amanhã, na casa onde meu aparelho mora, haverá uma mesa posta a toda e qualquer entidade que queira ou precise se manifestar; independente daquilo que haja sido em vida, todos serão ouvidos, **nós aprenderemos com aqueles espíritos que souberem mais e ensinaremos aqueles que souberem menos e a nenhum viraremos as costas, a nenhum diremos não, pois esta é a vontade do Pai.**

Sr. José: E que nome darão a esta Igreja?

O espírito: **Tenda Nossa Senhora da Piedade**, pois da mesma forma que Maria ampara nos braços o filho querido, também serão amparados os que se socorrerem da **Umbanda**.

No dia seguinte, na rua Floriano Peixoto, 30 – Neves, São Gonçalo/RJ, próximo das 20 horas, estavam presentes membros da Federação Espírita, parentes, amigos, vizinhos e uma multidão de desconhecidos e curiosos.

Pontualmente às 20 horas, o Caboclo das Sete Encruzilhadas incorporou e com as palavras abaixo iniciou seu culto:

"Vim para fundar a Umbanda no Brasil. Aqui, inicia-se um novo culto, em que os espíritos de pretos-velhos e os índios nativos de nossa terra poderão trabalhar em benefício dos seus irmãos encarnados, qualquer que seja a cor, raça, credo ou posição social. A prática da caridade, no

sentido do amor fraterno, será a característica principal deste culto".

Após trabalhar fazendo previsões, passe e doutrina, informou que devia se retirar, pois outra entidade precisava se manifestar. Após a "subida" do Caboclo, incorporou uma entidade reconhecida como "preto-velho". Saindo da mesa, dirigiu-se a um canto da sala onde permaneceu agachado. Sendo questionado o porquê de não ficar na mesa, respondeu: "Nego num senta, não, meu sinhô, nego fica aqui mesmo. Isso é coisa de sinhô branco e nego deve respeitá".

Após insistência, ainda completou: "Num carece preocupá, não. Nego fica no toco, que é lugar de nego". E assim, continuou dizendo outras coisas, mostrando a simplicidade, humildade e mansidão daquele que, trazendo o estereótipo do preto-velho, se fez identificar como Pai Antônio. Logo cativou a todos com seu jeito. Ainda lhe perguntaram se ele não aceitava nenhum agrado, ao que respondeu: "Minha caximba, nego qué o pito que deixou no toco. Manda mureque buscá". Todos ficaram perplexos, estavam presenciando a solicitação do primeiro elemento material de trabalho dentro da Umbanda. Na semana seguinte, todos trouxeram cachimbos que sobraram diante da necessidade de apenas um para Pai Antônio. Assim, o cachimbo foi instituído na linha de Pretos-Velhos, sendo também ele a primeira entidade a pedir uma guia (colar) de trabalho.

O pai de Zélio frequentemente era abordado por pessoas que queriam saber como ele aceitava tudo isso que vinha acontecendo em sua residência. Sua resposta era sempre a mesma; em tom de brincadeira, respondia que preferia um filho médium ao lugar de um filho louco. Foi um trabalho árduo e incessante para o esclarecimento, difusão e sedimentação da religião de Umbanda. Enquanto Zélio esteve encarnado, foram fundadas mais de 10 mil tendas. Após 55 anos de atividade, entregou a direção dos trabalhos da Tenda Nossa Senhora da Piedade a suas filhas, Zélia e Zilméia. Mais tarde, junto com sua esposa Maria Izabel de Moraes, médium ativa da tenda e aparelho do Caboclo Roxo, fundaram a Cabana de Pai Antônio, no distrito de Boca do Mato, município de Cachoeira do Macacu/RJ.

Zélio Fernandino de Moraes desencarnou no dia 3 de outubro de 1975. Suas filhas deram continuidade ao trabalho e a "Tenda Nossa Senhora da Piedade" existe até hoje sob a direção de sua filha, Zilméia de Moares.

Agradecemos ao Babalawô Ronaldo Linares por nos ceder de viva voz a maioria dos fatos aqui narrados, que ele por sua vez colheu da convivência de anos de amizade com Zélio de Moraes e sua família.

Obs.: Os fatos aqui narrados foram contados por Zélio de Moraes a Pai Ronaldo Linares, de quem tive a oportunidade de ouvi-los algumas vezes. No final deste livro, há um anexo em que é possível ver as palavras do próprio Zélio de Moraes e do Caboclo das Sete Encruzilhadas.

Mãe Zilméia de Moares ainda esteve à frente da Tenda Nossa Senhora da Piedade por mais alguns anos após a publicação original deste texto. Hoje sua filha, neta de Zélio, Lygia Cunha, é a dirigente da primeira Tenda de Umbanda.

JUS 31 – 11/2002.

Mais Zélio de Moraes

Zélio de Moraes, filho de Joaquim Fernandino Costa e Leonor de Moraes, homem de fé e muito dedicado à família, casou-se cedo, aos 18 anos, com Dona Isabel, tendo quatro filhos, Zélio, Zélia, Zilméia e Zarci.

Já foi um ilustre desconhecido aos umbandistas; sua história foi contada, recontada e contestada por muitos. Hoje, Zélio de Moraes é quase um mito dentro da religião. O "Pai da Umbanda" teve sua história popularizada por Ronaldo Linares e, recentemente, encontrou em Rubens Saraceni mais um divulgador que contagia milhares de pessoas.

A comemoração do centenário da Umbanda é unanimidade nacional, fundamentada na história de Zélio, como marco zero e pedra fundamental para a religião.

Não pretendo, nestas linhas, repetir os fatos do dia 15 de novembro de 2008; espero, antes, que todos já os conheçam. Relato, aqui, apenas alguns dos fenômenos impressionantes da vida mediúnica de Zélio, que justificam tamanha adoração e encanto que ele exercia nas pessoas.

A postura como ser humano já era algo impressionante; costumava, por exemplo, recolher necessitados e doentes em sua casa até que se restabelecessem.

Ouvi de Mãe Zilméia, filha carnal de Zélio, e li em alguns artigos a história de que Zélio e o Caboclo das Sete Encruzilhadas teriam ressuscitado uma jovem dada como morta; no entanto, desconhecia os detalhes do fato. Por intermédio de Diamantino Trindade, chegou-me às mãos o livro *No Mundo dos Espíritos*, de 1925, de autoria de Leal de Souza (primeiro autor umbandista), onde esta história aparece narrada pelo Sr. J. P. Brigadão:

> "Há poucos dias, na vizinha cidade de Niterói, uma linda moça na flor da idade, cheia de sonhos azuis e ilusões douradas, adoeceu de enfermidade misteriosa. Foram chamados bons médicos e a enferma não melhorou. Antes, piorou. Novos doutores foram consultados, porém a donzela, agravando-se rapidamente o seu estado, foi julgada sem salvação possível. Em desespero, seu pai, um comerciante abastadíssimo, ouviu os conselhos de um amigo e solicitou os socorros ao Centro Espírita Nossa Senhora da Piedade, onde se manifestam espíritos de caboclos, mas, acabara de pedir tais auxílios, quando recebeu a notícia do desenlace fatal: sua filha falecera às 5 horas da tarde. Voltou o pai em pranto para o lar abalado. Veio um médico, examinou a moça e lavrou o atestado de óbito. Lavou-se e vestiu-se o corpo. Foi colocado, sob flores, na mesa mortuária, entre velas bruxuleantes. Um sacerdote fez a encomendação. Às 8 horas da noite, ao iniciar a sua sessão, o Centro Espírita Nossa Senhora da Piedade, não tendo sido avisado do falecimento, fez uma prece pela saúde da moça já morta. Manifestando-se o espírito do guia e protetor do centro (Caboclo das Sete Encruzilhadas), disse:
> 'Um grave perigo ameaça a pessoa por quem orais. Continuai vossas preces com fervor e sem interrupção, até que eu volte, pois vou sair para socorrê-la'. Os espíritas do Centro Nossa Senhora da Piedade, orando com fervor, esperaram cerca de duas horas, e, ao termo delas, manifestando-se de novo, o espírito de seu guia disse-lhes: 'Está salva a moça'. Espíritos maus, convocados por motivo de ordem

pessoal, haviam envolvido a jovem em fluidos venenosos, que a estavam matando. Não se quebraria, porém, o fio que liga o espírito ao corpo.

Às 8 horas da noite, terminou o narrador, a moça continuava na mesa funerária, com todos os sinais da morte. Às 9 horas, uma demonstração de vida animou-lhe a face e, percebendo-a, seu padrinho preveniu seu pai. Retirada a câmara mortuária e reposta em seu leito, a moça reabriu os olhos, e, momentos após, erguia-se curada, completamente boa. Os espíritos dos caboclos, em combate travado no espaço, tinham vencido os espíritos maus... ".

Talvez este seja o caso mais impressionante para a Tenda Espírita Nossa Senhora da Piedade, para onde acorriam enfermos, cegos e até paralíticos que encontravam ali, muitas vezes, a cura. O que é enfatizado no ponto de Pai Antônio:

"Dá licença, Pai Antônio,
Eu não venho visitar,
Eu estou bastante doente,
Venho para me curar".

Uma das especialidades de Zélio e do Caboclo das Sete Encruzilhadas era a cura de loucos. "Devido ao alto índice de acertos médicos, sanatórios consultavam Zélio para saber quais doentes teriam a cura na Umbanda. A polícia, quando prendia alguém descontrolado, levava a Zélio para saber se era louco ou obsediado", conta Mãe Zilméia.

Às vezes, às 2 horas ou 3 horas da manhã, batiam à porta de seu pai. Lembra-se de certa ocasião em que acomodaram três pessoas desequilibradas em sua casa de uma só vez: "Um queria tomar banho o tempo todo e outro não queria de jeito nenhum", conclui, sorrindo da lembrança.

No livro *No Mundo dos Espíritos*, Leal de Souza registra, em reportagem, sua primeira visita aos trabalhos de Zélio, como jornalista, onde, mesmo sem ser anunciado e desconhecido de todos os presentes, foi reconhecido pelo Caboclo das Sete Encruzilhadas, que se dirigiu a ele, conforme o relato:

> "Pode dizer que apertou a mão de um espírito. À minha esquerda, está uma irmã que entrou aqui com tuberculose e à minha direita um irmão vindo do hospício. Curou-os, aos dois, Nossa Senhora da Piedade. Pode ouvi-los".

Leal de Souza, nesse dia, presenciou a cura de um "louco fugido do hospício", que se encontrava obsediado por duas entidades; após serem encaminhadas, restabeleceu-se a saúde mental do cidadão.

Leal de Souza era um intelectual da época, jornalista e poeta parnasiano. Tornou-se médium na Tenda Nossa Senhora da Piedade e foi preparado para dirigir a Tenda Espírita Nossa Senhora da Conceição, uma das sete tendas fundadas pelo Caboclo das Sete Encruzilhadas.

João Severino Ramos, dirigente da Tenda São Jorge, mais uma das tendas fundadas pelo Caboclo das Sete Encruzilhadas. Ao fazer sua primeira visita a Zélio em Cachoeiras de Macacu, se mostrava cético e incrédulo, pedindo provas para crer. O Orixá Malet (da vibração de Ogum) pegou uma pedra à beira do rio e acertou bem no meio da testa de Severino, que caiu dentro das águas. A entidade proibiu os amigos de socorrê-lo e pediu que esperassem. Minutos depois, Severino atravessou as margens do Rio Macacu já incorporado de Ogum Timbiri, com quem trabalharia à frente da tenda citada.

José Álvares Pessoa, o Capitão Pessoa, de origem espírita, resolveu visitar a TENSP para verificar de perto "as maravilhas" que afirmavam sobre Zélio de Moraes. Assim que pisou dentro da Tenda, o Caboclo das Sete Encruzilhadas anunciou que já poderiam fundar a última das sete tendas, a Tenda São Jerônimo, pois o seu dirigente acabava de chegar.

Capitão Pessoa se surpreendeu com tal afirmação por não conhecer ninguém no ambiente, mas, ao conversar com o Caboclo, entendeu que este o conhecia e muito bem. O tempo mostrou a importância de José Álvares Pessoa na Umbanda ao lado de Zélio de Moraes e à frente da Tenda a ele reservada.

Evaldo Pina, médium da Tenda Mirim Santo Expedito, fundada no Pará pelo Tenente Joaquim Bentes, mais tarde pertencente à TULEF, em visita a Zélio, ouviu dele a descrição da fundação da casa, em todos os pormenores, como se o fato datasse de semanas, apenas. E por meio de Zélio recebeu uma mensagem do dirigente, já desencarnado, citando fatos conhecidos apenas pelos dois.

Estes são apenas alguns dos fatos, entre tantos, que chamam nossa atenção na vida mediúnica de Zélio de Moraes.

JUS 102 – 11/2008.

Mãe Zilméia de Moraes

Na solenidade de lançamento do projeto "Vozes da Umbanda", Mãe Zilméia de Moraes, acompanhada por Marcelo Fritz, presidente do ICAPRA, e seu genro Carlão, esteve presente à Capela Ecumênica da UERJ no dia 14 de novembro de 2005, para dar um depoimento sobre sua vida e suas experiências enquanto umbandista, e como filha do fundador da Umbanda, Zélio Fernandino de Moraes.

Sempre bem humorada, sorridente e muito disposta para seus 91 anos de idade, Mãe Zilméia foi recebida em meio a aplausos e muito carinho pelas centenas de pessoas que lotaram a capela.

Seu depoimento foi dividido em cinco partes: Origens, Formação Religiosa, Criação da Umbanda, Vida Social, Centros e Tendas.

Mãe Zilmeia deu início a seu depoimento esmiuçando detalhes importantes e curiosos de sua infância e do convívio com seu pai.

Nascida no dia 28 de setembro de 1914, nas dependências da residência da família Moraes, onde funcionava a Tenda Nossa Senhora da Piedade, é a terceira dos quatro filhos de Zélio (Zélia, Zélio Filho, Zilméia e Zarci de Moraes) e a única que ainda está entre nós. Desde bem pequena assistia às sessões, e desde os 10 anos começou a participar dos trabalhos e acompanhar seu pai. Pouco brincava na infância, dedicava-se aos estudos, à música e ajudava a cuidar dos necessitados que seu pai trazia para dentro de casa.

Lembrou-se das histórias que cercam a Fundação da Umbanda e a manifestação do Caboclo das Sete Encruzilhadas por intermédio da Família Moraes. Confirmou a tão conhecida história de que seu pai, em meio a "ataques", teria passado por um médico e um padre, parente seu, e nos revelou o que poucos sabiam:

"Vovó (mãe de Zélio), desesperada, levou papai a uma rezadeira de nome Cândida, e ela disse que o espírito que o acompanhava tinha uma luz muito forte e muita caridade iria fazer, mas que doença ele não tinha".

Contou ainda alguns eventos curiosos, como o dia em que a tenda pegou fogo e ela foi correndo salvar a imagem de São Benedito e pediu socorro a um médium da casa, chamado Aristóteles, que trouxe o Corpo de Bombeiros.

Sempre sorrindo, contou aos presentes que um delegado de polícia, que se chamava Paulo Pinto, vinha perseguindo e fechando os terreiros da região. Até que, certo dia, chegou às portas da Tenda Nossa Senhora da Piedade. Mãe Zilméia, carinhosamente chamada de carneirinho pelos guias espirituais, foi informar o Preto-Velho, Pai Antônio, que estava em terra durante uma sessão de trabalhos, e ouviu dele as seguintes palavras:

– Deixa ele entrar.

O delegado, um sujeito que ela descreveu como "gordão e forte", entrou, deu dois passos e caiu esticado no chão. Diante disso, Pai Antônio disse:

– Carneirinho, deixa que ele logo se levanta.

O coração de Mãe Zilméia batia na garganta, com medo que ele tivesse morrido. Pai Antônio mostrou a força dele, e, a partir daí, ela nos conta que: "o doutor Paulo Pinto ficou amigo nosso, frequentando as sessões".

Com muita simplicidade, lembrou-se que Zélio, certa vez, foi chamado para ver um rapaz recém-desencarnado, e que ele escolheu sete médiuns para acompanhá-lo. Chegando lá, foi realizado um trabalho espiritual, e o rapaz se levantou.

Lembrou-se do episódio em que, certa vez, um médium quis expulsá-la da Tenda Nossa Senhora da Piedade. Ela disse ter perguntado a essa pessoa se ele não se lembrava de que ela era filha carnal de Zélio, o fundador da Tenda, ao que ele respondeu:

– Sei. Mas quero a senhora fora daqui.

Após boas risadas do público, que questionou qual teria sido a sua atitude, ela concluiu:

– Eu me retirei, não brigo com ninguém.

Obviamente, os trabalhos na Tenda Nossa Senhora da Piedade não prosperaram durante esse período, e Mãe Zilméia para lá retornou e reassumiu seu lugar de direito, e até hoje preside esse Templo.

O professor José Beniste, presente à mesa, ressaltou que Leal de Souza, jornalista que escrevia no *Diário de Notícias*, era contrário ao Espiritismo e à Umbanda, e após conhecer Zélio de Moraes tornou-se dirigente da Tenda Nossa Senhora da Conceição e escreveu o primeiro livro de Umbanda que foi publicado em 1933, intitulado *O Espiritismo, a Magia e as Sete Linhas de Umbanda*.

Ao ser perguntada sobre o que lhe traz saudades, Mãe Zilméia respondeu:

– Tenho saudades das conversas com o Chefe, o Caboclo das Sete Encruzilhadas. Naquele tempo, infelizmente, não havia estes aparelhos (câmeras de filmagem e gravador).

Essa foi uma tarde muito agradável, onde pudemos ouvir um bate-papo bem descontraído com Mãe Zilméia de Moraes e que ficará em nossas memórias para sempre: sua simplicidade e amor pela Umbanda.

JUS 68 – 12/2005.

Visitamos a Casa-Mater da Umbanda

Visitamos Mãe Zilméia de Moraes da Cunha e participamos de um trabalho espiritual na primeira tenda de Umbanda, a Tenda Nossa Senhora da Piedade, que hoje funciona junto da Cabana de Pai Antonio.

Fomos recebidos na varanda da casa da família Moraes da Cunha, onde, durante horas, tivemos a oportunidade de conversar com Mãe Zilméia, que lembrou muito dos dias em que acompanhava seu pai nos trabalhos espirituais e nas visitas que ele fazia aos que precisavam de amparo.

Ali, num ambiente tão simples e ao mesmo tempo tão acolhedor, era como se o tempo tivesse parado para recebermos e reavivarmos a mensagem da Umbanda para seus filhos mais distantes.

A cerca de três quadras de onde nos encontrávamos, está localizada a Cabana de Pai Antonio, que hoje abriga a Tenda Nossa Senhora da Piedade. Do interior da Tenda, pudemos ouvir o barulho da queda de águas cristalinas que correm na cachoeira que está localizada bem ao lado da tenda, também cercada de matas e pedreiras, e não muito longe do mar. Temos a certeza da presença dos Orixás *in natura* ali identificados com as forças da natureza. Dentro deste contexto, no início da noite, foi dada a abertura dos trabalhos espirituais com Mãe Zilméia à frente do altar. Assistência, consulentes e visitantes de longe esperavam com ansiedade o início das sessões.

Oração, defumação, bater cabeça, abrir gira, pontos cantados e pontos riscados, e tem início a gira em homenagem à Preta-Velha Tiana, incorporada por Mãe Zilméia, e a Pai Antonio, Preto-Velho que durante toda uma vida trabalhou com Pai Zélio. Junto com o Caboclo das Sete Encruzilhadas, Pai Antonio também participou decisivamente na fundação da Umbanda.

Para a surpresa dos presentes, Pai Antonio se manifestou em Mãe Zilméia, cumprimentou os médiuns e os demais Pretos-Velhos que estavam em terra. Dizendo "festa para mim é caridade", deu início aos trabalhos de atendimento aos consulentes de forma caritativa como é de costume na Umbanda.

Tivemos a honra e a oportunidade de receber a bênção e palavras de ânimo para nossa missão, tanto de Vó Tiana quanto de Pai Antonio, o que foi uma emoção à qual não consigo descrever, apenas guardar em meu coração.

O interior da Tenda é tão simples como a própria religião: chão de taco, telhado à vista, altar católico iluminado por uma única vela branca. Assentamentos e a firmeza da Tenda no coração dos médiuns dedicados à "manifestação do espírito para a prática da caridade".

Em um único trabalho, pudemos ver Pretos e Pretas-Velhas atendendo, Caboclos e Crianças dando passagem e ainda médiuns de transporte fazendo seu trabalho de forma muito tranquila para ajudar ao próximo. É muito emocionante saber que, 97 anos após a fundação da religião, Mãe Zilméia, com toda a sua dedicação, mantém a doutrina do Caboclo das Sete Encruzilhadas!

Agradecemos ao nosso irmão "Carlão", que o tempo todo nos dispensou toda a atenção e que tornou possível e viável esta nossa visita. Deixamos ainda um grande abraço à sua esposa

Lygia Cunha, filha carnal de Mãe Zilméia, que hoje está à frente da tenda fundada por seu avô.

A todos os médiuns e famílias da tenda, nossa gratidão e a saudade no peito que diz "vamos voltar".

JUS 75 – 07/2006.

Dona Zilméia Volta à Aruanda

Dona Zilméia, como gostava de ser chamada, sem formalidades ou títulos, certa vez, ao ser questionada por Marques Rebelo da *Revista Espírita de Umbanda* sobre como era ser a sacerdotisa responsável da TENSP, respondeu que era apenas médium como todos os outros, e que tinha, sim, mais responsabilidades e nada mais.

Ao definir o que é Umbanda, sempre fazia repetir as palavras do "Chefe", como costumava chamar Caboclo das Sete Encruzilhadas: "**Umbanda é Amor e Caridade**".

Médium exemplar em sua postura, comunicava-se por meio da clarividência, clariaudiência e incorporação. Contadora de histórias, não se cansava de repetir fatos da vida de seu pai e de tantos outros médiuns que passaram pela TENSP.

Sua história se confunde com a história de seu pai e também com a história da Umbanda.

Aos 96 anos, quase completos, nasceu e viveu na Umbanda; agora renasce para a Aruanda.

Um dia de tristeza para muitos de nós aqui na Terra, que guardamos saudades dos que queremos em nosso coração, mas com certeza é dia de festa para o mundo espiritual. Mãe Zilméia volta à pátria do espírito tendo sua missão cumprida em relação à Umbanda e deixa ainda filha e netos que dão continuidade ao legado da religião e do primeiro templo de Umbanda fundado por seu pai, Zélio de Moraes.

Zilméia de Moraes Cunha é mais uma luz a iluminar o Céu da Umbanda, ao lado de Zélio de Moraes, Leal de Souza, Benjamim Figueiredo, Ângelo Scritori, Lourenço Braga, Pai Jaú, Nelson Braga Moreira, Felix Nascentes Pinto, Capitão Pessoa, João de Freitas, Martha Justina, Leopoldo Betiol, Yokaanam, Oliveira Magno, Joana Imparato, Maria de Toledo Palmer, Graziana, Moab Caldas, Atila Nunes, Bambina Bucci, João Severino Ramos, Emanuel Zespo, Dr. Menezes, Mario Paulo, Pedro Furlam, Hilton de Paiva Tupinanbá, Demétrio Domingues e tantos outros médiuns que cumpriram sua missão e, hoje, ao lado de Caboclos, Pretos-Velhos, Baianos, etc., são nossas luzes, nossos mais velhos e ancestrais, de uma tradição ainda muito nova, mas que desde cedo já dava e ainda dá bons frutos.

Dia 21 de setembro de 2010, cinco dias após o desencarne, Mãe Zilméia completaria 96 anos de idade. A impressão que fiquei é de que o querido Zélio de Moraes veio buscar sua filha para passarem juntos esse aniversário. Agora, com a Aruanda em Festa, sabemos que há mais uma estrela no Céu Umbandista a brilhar junto de nossas luzes eternas.

Oxalá lhe ampare e guie, minha querida "Dona Zilméia". Sua bênção a este filho, que a guardará sempre no coração.

JUS 125 – 10/2010.

Aqui Tem Uma Flor!

Certo dia, Buda reuniu todos os seus discípulos e simpatizantes para um discurso. Isso era bem comum, o iluminado homem costumava dar longos discursos; passou a vida apresentando sua filosofia, andando por vários lugares onde as pessoas se amontoavam para ouvi-lo. Suas palavras eram avidamente esperadas pelos discípulos, sua argumentação era lúcida e direta sempre que necessário. Os momentos de discurso eram sempre aguardados como encontros de reflexão em que Sidharta Gautama dava conhecimento e transmitia sabedoria à sua comunidade.

Mas, naquele dia, seria diferente. Estavam todos reunidos aguardando suas palavras, algo muito semelhante ao que fazia Jesus no Monte das Oliveiras; então, Buda chegou com uma flor na mão e não disse nenhuma palavra. Não era um encontro de meditação, era um encontro de palestra, de doutrina, de ensinamentos e aprendizado; então, por que ele estava ali em silêncio com uma flor na mão? E assim permaneceu durante horas. Seus discípulos ficaram em desconforto, tentando imaginar: o que ele queria dizer com aquela flor? O silêncio muitas vezes faz as pessoas se sentirem constrangidas.

Buda tinha entre seus discípulos homens que já eram considerados mestres de outros homens antes de se tornarem seus discípulos. Homens de mente ágil e raciocínio lógico, muitos deles, ao ver a flor, começaram a filosofar e racionalizar o que representava aquela flor e quais palavras poderiam explicar sua presença. No entanto, houve um discípulo chamado Mahakasiapa que simplesmente sorriu, o que deixou os outros discípulos mais constrangidos ainda. Sua risada era vista como uma falta de respeito pelos demais. Ao perceber isso, riu mais ainda; ele não precisava mais de discursos e argumentações, ele sabia que, por mais que se explique, ninguém entende o que não pode sentir. Para ele, era inclusive uma perda de tempo tanta filosofia, quando se poderia apenas sentar e compartilhar o que não pode ser dito.

E, em meio ao silêncio e ao constrangimento, a única coisa que se ouvia eram as risadas de Mahakasiapa. Ele não era um erudito, não era considerado um mestre, não era filósofo, nem um argumentador, pelo contrário, era um homem muito simples e rústico. Então Buda foi até ele e lhe entregou a flor dizendo: "Tudo que as palavras podem dizer, eu entreguei aos outros discípulos, o que as palavras não podem dizer, eu entrego a você!". Acredita-se que assim nasceu o Zen Budismo, uma forma de iluminação repentina, uma transmissão especial, que está além das palavras, o que se alcança apenas por meio da meditação, do silêncio e da contemplação.

A flor representa o amor que está além das palavras e simboliza a verdade última, sublime e divina, inalcançável pela razão humana, mas que pode ser sentida e transmitida de mestre a discípulo. Os grandes místicos se consideram amantes de Deus, embriagados do sagrado; são homens que preferem, sempre, silenciar diante do ignorante, ao saber que nada pode explicar o que apenas é possível sentir.

No dia 15 de novembro de 1908, Zélio de Moraes foi levado a uma reunião espírita, onde estavam reunidos velhos senhores que seguiam o código de Kardec, a ciência dos espíritos, e antes mesmo de iniciar a sessão, Zélio de Moraes afirmou: **"Aqui falta uma Flor"**. Zélio vai ao lado de fora, busca uma flor e coloca na mesa, talvez a tenha colocado dentro de um copo de água, ou dentro de uma jarra. E mais uma vez, na história da humanidade, a flor cria desconforto e constrangimento. Assim como o amor cria desconforto a quem não o conhece, ou não tem a oportunidade de vivê-lo.

Enquanto a ciência fala por meio da razão, da lógica e da filosofia, o amor fala por meio do sentimento, do canto e da poesia. Blaise Pascal diria que: “O amor tem razões que a própria razão desconhece”. O amor não necessita de argumentação, o amor é apenas para ser sentido. Por isso não buscamos, na Umbanda, doutores, filósofos ou cientistas entre nossos guias. Buscamos o amor do Caboclo, do Preto-Velho e da Criança, algo acontece quando estamos em sua presença, uma transmissão especial acontece, algo que realmente não temos como explicar por palavras, assim é a Umbanda. Nem tudo pode ou deve ser explicado; a ciência por vezes é fria e racional, há coisas na vida e na Umbanda que devem ser apreciadas e sentidas apenas assim como a flor, a natureza, o amor e a poesia. Podemos dizer que a Umbanda é a flor dos Orixás trazida por Zélio de Moraes e o Caboclo das Sete Encruzilhadas.

JUS 162 – 11/2013.

A Umbanda Cresce em Verso e Poesia

A Umbanda completou seus 103 anos de idade e é ainda uma criança se comparada a outras religiões, já milenares. Porém, é uma criança prodígio. Nasceu nos braços generosos de Nossa Senhora da Piedade, teve como padrinhos Gabriel de Malagrida e Caboclo das Sete Encruzilhadas numa única pessoa.

Chamou para si, desde cedo, a sabedoria dos Pretos-Velhos, por meio do querido Pai Antônio, que não se fez de rogado e a levou para ser embalada, também, no colo de muitas Mães e Pais Orixás.

Jesus a acolheu junto de sua Mãe, a Nossa Senhora, e, unidos nesta força crística, nos ensinaram o sincretismo como forma de reconhecer que todas as divindades, entidades e seres de luz trabalham juntos. Basta reconhecer que "fora da caridade não há salvação", que até mesmo Kardec parou um pouco suas atividades e veio dar sua contribuição.

Anjos, Arcanjos, Tronos, Potestades, Querubins, Serafins, Potências, Dominações e Virtudes chegaram juntos dos Orixás. Algo assim nunca havia sido visto por Oxalá, Oxum, Oxóssi, Xangô, Ogum, Obaluaiê, Iemanjá, Oxumaré, Obá, Iansã, Nanã Buruquê, Omolu, Ibeji, Ossaim e até Orumila. Fizeram-se presentes lado a lado dos Arcanjos Miguel, Gabriel, Rafael, Uriel, Anael, Tsadkiel, Metatron, Sandelfon entre outros milhares de anjos. Santos como São Jorge, São Jerônimo, São Sebastião, Santa Bárbara, Santa Sara, São Cosme e Damião, São Lázaro, São Bartolomeu, Santa Joana Darc, São Roque, São Cipriano, São Francisco e até Santo Expedito vieram para ajudar.

Mas quem já havia chegado antes da própria Umbanda nascer e preparou todo o campo e caminho para sua vinda foi Exu, Pombagira e Exu Mirim. Dizem até que esse trio ajudou a alimentar a Umbanda com um reforço que a fez crescer séculos em apenas alguns anos. Hoje, embora jovem ainda, a nova religião de todos os Orixás, Santos, Anjos e de Cristo já se mostra bem crescida e em fase de amadurecimento.

Podemos nos lembrar de seus primeiros anos de vida. Uma gestação tranquila junto das Yabás, nas décadas de 1900 a 1920; assim que começou a brincar fora de casa, entre 1920 e 1940, já plantou sementes em muitos outros lares e cidades. Ninguém sabia muito bem de onde vinham essas sementes, que cresciam rápido, floresciam e davam frutos e sombra em abundância.

De 1940 até 1970, veio sua adolescência precoce, uma expansão desordenada e todas as crises características de uma adolescente, crises existenciais, crises de identidade e conflitos de valores. Até que, na década de 1980, se recolheu para o interno, aquietou, sofreu o resultado de ter vivido uma certa rebeldia e imaturidade, que agora servia de matéria para reflexão e crítica.

Aprendeu com as dificuldades, entendeu uma de suas maiores lições: "Quem não vem pelo amor vem pela dor", afastou-se de más companhias que resolveram fundar outras religiões, mas nunca se esqueceram da Umbanda, e, até os dias de hoje, a criticam por puro despeito ou simplesmente infantilidade. Dizem que é por dor de cotovelo.

Mas a Umbanda cresce e continua crescendo, descobre novos amigos, que vem até do Oriente; recebe amigos de todas as nações e culturas como ciganos, baianos, marinheiros e boiadeiros. O que faz valer as palavras de seu primeiro amor, Zélio Fernandino de Moraes: "Com quem sabe mais vamos aprender e a quem sabe menos vamos ensinar, a ninguém vamos dar as costas".

Por conta destas palavras, estão chegando até malandros, cangaceiros, piratas, juremeiros e alguns que, com seu carisma, conquistaram o coração desta nação, a nação de Umbanda que é a Nação Brasileira. Como é o caso do querido Zé Pelintra, que causa tanto alvoroço e controvérsia por ter sido boêmio, mulherengo e jogador. Ele nos diz que reverencia o sagrado feminino e que, se fez algo do qual se arrependa em vida, agora, está aqui para nos ensinar que podemos fazer diferente, mas que, para isso, não precisamos ter cara feia nem deixar de cantar ou dançar. Só ensina o certo quem já errou nesta vida.

Aliás, canto e dança são marcas registradas na vida de nossa amada Umbanda. Hoje, esta querida religião é a senda de milhões de encarnados e desencarnados e encontra-se muito mais madura. Tem história, estudo, literatura, formação, cultura, profundidade e vontade de ensinar além de praticar. Seus fundamentos são conhecidos e divulgados, não são secretos nem ocultos.

E o que mais motiva a Umbanda para este crescimento, para este amadurecimento, é o amor de tantos umbandistas, que amam e não desistem nunca de seu amor! Nós não viramos as costas, não abandonamos nem desistimos de nosso amor! Vamos crescer todos juntos e amadurecer junto com a nossa amada, a nossa Umbanda!

Parabéns, minha Umbanda Amada!

Dedico estas linhas a três umbandistas, não por serem melhores que os outros, mas apenas por serem minha maior influência: Zélio de Moraes, o Pai da Umbanda; Pai Ronaldo Linares, meu Avô Espiritual; e Pai Rubens Saraceni, meu Pai

Espiritual. Muito mais que um pai, coloco abaixo um texto psicografado por ele, Rubens Saraceni, que me inspirou a escrever este texto anterior:

"A nova religião, a filha dileta dos Orixás, a Umbanda Sagrada, nasceu discretamente, foi aleitada nos seios generosos de Iemanjá e formosa como uma Oxum já se encontra. Mas é tão aguerrida como uma Iansã, tão curadora como um Ossaim, tão caçadora de almas como um Oxóssi, tão justiceira como um Xangô, tão caridosa como um Obaluaiê, tão firme como um Ogum, tão punidora como um Omolu, ou mesmo tão consoladora como uma Nanã, o arquétipo ideal da velha e amorosa negra escrava, sempre pronta a sorrir ao ver seus netos crescendo na senzala. Mas nem tudo se passou assim, tão 'naturalmente'". – Pai Benedito de Aruanda, psicografado por Rubens Saraceni no livro *Os Guardiões dos Sete Portais*, Madras Editora, 2005, p. 323.

JUS 138 – 11/2011.

Diversidade Religiosa

A diversidade de formas de praticar a Umbanda pode ser comparada à diversidade de religiões e à diversidade que há nas religiões como um fenômeno natural em todas elas. Assim como existem diversas culturas e necessidades diferentes para homens e mulheres no que diz respeito à religião, existem diversas religiões justamente para satisfazer essa pluralidade externa ou interna relacionada ao ser humano. Mesmo dentro de uma mesma religião, é comum identificar sua pluralidade como, por exemplo, os diversos Budismos, Cristianismos e Umbandas.

As religiões ocidentais se autoexplicam como um meio de religar o homem a Deus. Algumas religiões orientais pretendem religar o homem a si mesmo, e algumas religiões naturais, ou nativas, se ocupam de religar o homem à natureza. Há religiões que não se ocupam nem se relacionam com Deus, como o Budismo, por exemplo, e há religiões em que seu centro está na experiência transpessoal do transe, como o Xamanismo. Há religiões tão diferentes quanto culturas e pessoas. Independentemente de sua origem e diversidade, boa parte das religiões são produtoras de sentido para a vida e oferecem explicações para as questões existenciais, tais como: "de onde vim?", "para onde vou?" e "por que estou aqui?".

Sempre que um grupo de pessoas se reúne em torno de uma mesma fé, uma mesma doutrina e a ritualiza, podemos definir sua prática como religião, independentemente de ter um livro sagrado, de crer num Deus único ou mesmo de possuir um templo próprio.

Com base nestes dados e em outros, que não cabem numa abordagem tão simples e direta, podemos dizer, com certeza, que Umbanda é religião, que Umbanda possui todos os requisitos daquilo que se identifica como religião. Possui história, doutrina, teologia, fundamento e ritual próprios, inclusive é praticada em templos estabelecidos com altar e sacerdócio na pessoa de seu Ministro Religioso e Dirigente Espiritual.

O que vem surgindo, nos últimos anos, principalmente por meio da obra de Rubens Saraceni, e que antes não havia, é uma base sólida de conhecimentos umbandistas propagados por uma literatura crescente acompanhada de cursos livres de Teologia, Desenvolvimento Mediúnico e Sacerdócio Umbandista. Está se popularizando, aos poucos, uma base teórica e prática que explica e apresenta fundamentos umbandistas, na qual a Umbanda explica a Umbanda.

Uma Jovem Religião

Embora seja tudo muito novo, não podemos esquecer que, se a Umbanda é uma jovem religião, suas práticas são milenares e tão antigas quanto o próprio homem. Se a Umbanda é uma religião nova ainda, no entanto, os espíritos que nela se manifestam trazem conhecimento, lembrança e informações tão antigos quanto as mais antigas religiões de que se tem notícia.

A Umbanda é uma nova religião, mas que traz em si sabedoria ancestral e milenar. A Umbanda é nova, no entanto, vem resgatando valores ancestrais de culto e amor à natureza que se perderam em meio ao que chamamos de cultura ocidental.

A Umbanda é nova, no entanto, seus Orixás são anteriores a tudo e a todos. Umbanda é uma religião nova que vem depurando boa parte do que, com o tempo, foi paralisando e estagnando as outras religiões.

A Umbanda é jovem, no entanto, não a subestime por conta deste fato. Os espíritos que se manifestam na Umbanda trazem a experiência de terem participado de muitas culturas, religiões e tradições diferentes. Desta forma, a Umbanda é, sim, uma nova religião que traz milênios de experiência como bagagem de seus mentores e idealizadores no astral. Esses mentores têm como ideal a prática de uma religião que aproveita o que há de bom em muitas outras religiões e evita o que há de ruim ou limitante em todas elas.

Portanto, Umbanda é uma jovem religião que não tem e não quer para si dogmas, tabus e muito menos hierarquias opressoras ou manipuladoras do poder. Umbanda é jovem e isto lhe dá uma oportunidade de viver de acordo com seu tempo, de falar uma linguagem atual, de se expressar de forma simples e direta.

Umbanda é jovem e traz consigo toda a energia do jovem e um pouco de rebeldia com relação ao velho, o que assusta um pouco os mais conservadores. Mas o que é essa rebeldia se não a vontade de fazer diferente, a vontade de fazer melhor, a vontade de encontrar o seu lugar no mundo e no coração das pessoas?

A rebeldia da Umbanda é a mesma rebeldia que se viu em Jesus na sua época e em seu contexto, ou a rebeldia de Buda, por exemplo. O que o velho chama de rebeldia, o jovem chama de ação, disposição, vontade de mudar e se tornar melhor. Essa rebeldia da Umbanda não é nada mais que a Loucura Sagrada, a sabedoria de Deus considerada loucura para os homens, assim como sua sabedoria profana é loucura para Deus.

Só o novo está disposto a entregar-se sem reservas, só o novo consegue desconsiderar o velho condicionamento social que faz crer que tudo está bem na zona de conforto e inércia.

JUS 60 – 04/2005.

A Melhor Religião

Não podemos dizer que Umbanda é a melhor religião em comparação com as outras. O Catolicismo é a melhor religião do mundo para o católico, da mesma forma que o Judaísmo para o judeu, o Islamismo para o islâmico, Budismo para o budista, Kardecismo para o kardecista (embora muitos não o considerem como religião) e **Umbanda é a melhor religião do mundo para os umbandistas**. Uma religião não é melhor que a outra, pode ser a melhor exclusivamente para seus praticantes. Cada religião tem um perfil e atrai para si uma comunidade de afinidades, o que é uma realidade quando temos a oportunidade de viver em uma sociedade laica, na qual cada indivíduo pode escolher a religião que mais lhe agrada.

Leonardo Boff conta que esteve junto do Dalai Lama, líder espiritual do Budismo Tibetano, em uma mesa redonda e maliciosamente se aproximou e lhe perguntou:

– Santidade, qual a melhor religião?

Para sua surpresa e desconcerto, o Dalai Lama lhe respondeu que:

– A melhor religião é aquela que faz de você uma pessoa melhor.

Em todas as religiões, podemos encontrar pessoas boas e iluminadas, em todas as religiões há o que aprender, e a Umbanda nos estimula a estudar e aprender com todas as religiões e tradições, ampliando assim nosso universo cultural.

Na verdade, temos a aprender com todos e todos têm a aprender conosco. Quando religião for sinônimo de Fé e Amor, o que existirão serão formas diferentes de amar a Deus e ao ser humano, incondicionalmente. Até lá, continuaremos, ainda, vendo muita discussão inútil em torno de religião. Mas podemos fazer a diferença reconhecendo a Umbanda como a nossa forma de praticar e viver o Amor.

Obs.: Este texto fazia parte do texto anterior publicado no JUS 60 – 04/2005.

Pertença e Identidade Umbandista

Conheci a Umbanda em 1995; naquela época, um senhor clarividente havia me dito que mesmo que eu não soubesse ainda, minha religião era a Umbanda, pois ele estava vendo um Caboclo e uma Criança ao meu lado. Eu me considerava espírita e não sabia o que era Umbanda. Mas, logo na mesma semana, uma amiga me convidou a visitar um terreiro de Umbanda, na Vila Jaguara, em São Paulo, a Tenda de Umbanda do Caboclo Flecha Dourada e Zé Baiano, dirigido pela Mãe Marlene. Encantei-me com a religião.

Essa amiga começou a incorporar dentro de um apartamento, no qual demos início a um terreiro de Umbanda, "Eternos Aprendizes do Amor e da Fé em Oxalá". Assim, comecei na Umbanda junto de uma amiga, sua mãe, sua irmã e outra amiga; nenhum de nós sabia nada sobre Umbanda. A única coisa que sabíamos era que os espíritos de Caboclo, Preto-Velho, Criança, Baiano, Exu e Pombagira incorporavam nesta amiga e realizavam um bom trabalho. Nossa única certeza era o quanto esse trabalho nos fazia bem. O contato com a espiritualidade era real e propiciava um aprendizado importante junto aos guias e mensageiros de luz que se manifestavam. Estávamos aprendendo Umbanda de forma direta com os guias de Umbanda que se manifestavam.

Os espíritos que se manifestavam já diziam que eram de Umbanda e que apenas a Umbanda lhes aceitava do jeito que são e da forma como estavam se apresentando e procedendo. Por esta razão, fui procurar entender o que é Umbanda de todas as formas possíveis. Mesmo sem saber o que era Umbanda, conseguimos tomar consciência de que já estávamos fazendo parte de algo maior que nós, entendemos que o nosso trabalho espiritual era parte de um Todo e que este Todo é a Umbanda.

Por menor que fosse nosso trabalho, por mais insignificante que pudesse parecer, para o Todo, cada uma de suas partes tem a mesma importância. Ali estava nascendo um grupo de Umbanda, ali iniciava um templo de Umbanda, cada um de nós estava recebendo uma semente de Umbanda e ninguém poderia saber do que cada uma dessas sementes seria capaz. Logo, entendemos que nosso trabalho era pequeno, mas que a Umbanda é grande e que nosso trabalho pertencia à Umbanda. O grupo era pequeno, mas o amor, a intensidade, a força daquele trabalho em nossas vidas já era do tamanho da Umbanda. Logo, entendemos que não importa o tamanho do grupo ou do templo e, sim, sua capacidade de viver a Umbanda.

Isto se chama pertença religiosa!

Então nos sentimos pertencendo a algo maior, nos identificamos com este algo maior e passamos a assumir uma identidade com este todo.

Assumimos a identidade umbandista!

Esta é a realidade de muitos umbandistas; desta mesma forma tem início muitos templos de Umbanda e sua prática é tão legítima quanto qualquer outra dentro da religião.

Para muitas pessoas, este contato, esta prática e seus resultados salutares em sua vida já são o suficiente; não se interessam em se aprofundar na religião, ou mesmo em sua espiritualidade. Não faz diferença conhecer mais sobre a Religião de Umbanda, o único interesse é praticar, se descarregar e descarregar as mazelas alheias. Reconheço, claro, a grandiosidade de um trabalho de cura, com ou sem informação, no qual só as qualidades de um bom coração podem determinar. No entanto, quando se realiza algo dentro de um contexto, é importante saber se o que fazemos faz parte de algo maior e que não estamos só. Aquela prática realizada ali também se repete em milhares de outros lugares, todos eles Templos de Umbanda.

Definir que trabalho é este que estamos realizando e em qual contexto se encaixa nos ajuda a contextualizar a situação e compreender melhor o Todo, do qual fazemos parte.

Conhecimento de Causa Umbandista

É possível praticar Umbanda sem nenhum conhecimento, sem nenhum estudo, sem ter a mínima ideia de onde veio e para onde vai a Umbanda. No entanto, isto demonstra uma falta de interesse e de aprofundamento naquilo mesmo que afirmo querer bem.

Esse perfil revela ignorância cultural e um comportamento oportunista de quem quer apenas se beneficiar do que a Umbanda pode lhe oferecer de bom, mas não quer se comprometer.

Identificar-se com a Umbanda é identificar-se com algo que existe no contexto social-urbano e não apenas uma experiência espiritual isolada. Embora muitas vezes o umbandista se sinta só, ele faz parte de uma egrégora e trabalha com espíritos que estão ligados uns aos outros como as contas de um colar, dentro de uma hierarquia de incontáveis espíritos que trabalham juntos e se ligam ao todo da Umbanda e da Criação.

Os guias de Umbanda nunca estão sozinhos; eles se manifestam em muitos lugares interligados, como portas que se abrem para uma mesma e única realidade: a Umbanda no Astral. As manifestações de espíritos que assumem arquétipos pertinentes à Umbanda costumam ter uma mesma forma peculiar de trabalhar quando incorporados em seus médiuns.

Essa forma de trabalhar com a espiritualidade tem contexto histórico e é possível identificar quem, primeiro, realizou um trabalho com todo este conjunto de fatores fundamentais aos quais identificamos a Umbanda. Entre os fatores ou elementos que formam este contexto, podemos citar: **templo** (mesmo que seja dentro de um quarto ou quintal), **altar** (mesmo que seja apenas uma vela), **roupa branca** (na maioria das vezes, com exceções claro), **defumação** (mesmo que seja um incenso), **magia** (do uso de velas, patuás, banhos e pontos riscados), **cantos** (chamados pontos cantados e pronunciados em português), **atendimento caritativo** (os espíritos que se manifestam recebem as pessoas que lhes procuram para ouvi-las, aconselhar e fazer limpeza espiritual por meio de passes, benzimentos e outros) e a **presença marcante das entidades Caboclo, Preto-Velho e Criança**, no mínimo, entre outros que podem se manifestar como Exu, Pombagira, Baiano, Boiadeiro e Marinheiro. Esse trabalho, da forma como o conhecemos, tem uma origem histórica por meio de seu primeiro praticante, desta liturgia, o médium **Zélio Fernandino de Moraes**.

O primeiro praticante é sempre o fundador de algo, independentemente de ele se declarar como tal, ou não. Zélio nunca chamou a si nenhum título, mas sempre deixou muito clara sua história com o Caboclo das Sete Encruzilhadas. E o Caboclo das Sete Encruzilhadas, carinhosamente chamado de “O Chefe”, sempre afirmava com todas as letras, por meio da boca de seu médium, que veio trazer a Umbanda com esse médium, que teve sua primeira manifestação no dia 15 de novembro de 1908, em meio a uma sessão espírita. E conta, com detalhes, a história que todo aquele que se identifica com a Umbanda já deve conhecer.

Sim, este é, nas palavras de Pai Ronaldo Linares, o Pai da Umbanda!

E você é umbandista ou, no mínimo, conhece a história desta linda e encantadora religião?

Texto publicado na *Revista Espírita de Umbanda*, S/N.

Revolução Umbandista

Umbanda sempre foi e sempre será: paz, amor e caridade. Seu fundamento básico nunca muda: "Umbanda é a manifestação do espírito para a prática da caridade".

Creio que nunca será demais repetir essas palavras, que são do primeiro umbandista, Zélio de Moraes, incorporado do Caboclo das Sete Encruzilhadas, em 1908. Esta é nossa base fundamental, nosso alicerce, nossa unidade, que se completa com esta frase: "com quem sabe mais vamos aprender, a quem sabe menos vamos ensinar e a ninguém iremos virar às costas".

Zélio de Moraes e o Caboclo das Sete Encruzilhadas anunciaram a nova religião de uma forma muito simples. Seus fundamentos maiores dizem respeito à essência da caridade espiritual e ao ato de incorporar entidades que se agrupam em linhas de trabalho, dentro de uma liturgia própria e um ritual original que acontece em templo estabelecido com, no mínimo, um altar que o seja.

Sem dogmas ou tabus, a Umbanda se manifesta de forma diversa, mantendo sua unidade essencial que se faz saber por meio de seus fundamentos básicos. Fundamentos estes que podem ser explicados pelas palavras iniciais de Zélio de Moraes e do Caboclo das Sete Encruzilhadas sobre a definição de Umbanda e também pela estrutra do ritual e do arquétipo das entidades que se manifestam.

Dentro deste contexto, há espaço para que esta religião acompanhe a evolução dos tempos sem choques entre doutrina e modernidade, por exemplo. A sociedade evolui como um todo e a Umbanda tem condições de evoluir junto, reciclar-se e renascer a cada período. Estamos, atualmente, num desses períodos de mudança, na sociedade e na Umbanda.

Uma revolução pacífica e silenciosa está acontecendo na religião. Podemos observar aos poucos uma mudança de perfil e comportamento do umbandista. O umbandista de hoje é um outro umbandista, o que denota esta revolução pacífica e silênciosa dentro da Umbanda.

Por exemplo, cada vez menos temos ouvido a frase: "Eu não sei nada, meu guia é quem sabe tudo". A ideia de que um médium não deveria estudar para não atrapalhar o trabalho de seu guia está cada vez mais caindo por terra e fora da realidade. Quem atrapalha, interfere, ou mistifica, faz com ou sem informação, pois é sinal de um desenvolvimento às pressas, ou falta de ética e bom senso. Não estudar sempre será sinal de ignorância.

As tradicionais respostas: "você não está pronto ainda para este conhecimento", ou "ainda não é a hora de você aprender tal fundamento", para todos os questionamentos dos médiuns, já não encontram muito espaço na Umbanda.

Sonegar informação, manipular pessoas com tirania, usando de um poder que não lhe pertence de fato, ou abusar de um "segredo" como instrumento de poder ilusório, já não cabe mais na Umbanda e não funciona com esta nova geração.

Esta nova geração cresceu lendo livros de Umbanda, consultando a internet e perguntando o porquê de cada fundamento. Cada vez mais, os sacerdotes de Umbanda devem se preparar para acolher bem e estar à altura dos novos médiuns; afinal, esta é a geração que vai construir a Umbanda do futuro. O tempo em que tudo era dogma e tabu já passou e deve ficar apenas na lembrança.

De tempos em tempos, a Umbanda se recicla e esta é parte de sua beleza por não estar engessada em bíblias, tradições ou hierarquias ostracistas. Hoje, a Umbanda vive um período único de amadurecimento e expansão. Expansão lenta e realizada em passos firmes e fundamentados. Estamos, aos poucos, vencendo o preconceito, interno e externo, e mostrando à sociedade o que é Umbanda.

Cada um de nós, umbandistas, é um formador de opinião; não podemos nos omitir deste fato, temos a oportunidade única de participar deste momento histórico da religião. Portanto, temos a responsabilidade de nos preparar cada vez mais para esclarecer aos que nos cercam e a nós mesmos. O que deve apenas refletir o nosso amor pela Umbanda, pois não deve haver outra razão para ser umbandista.

Hoje temos bons cursos, livros e jornais, como o *Jornal de Umbanda Sagrada*, que tem como objetivo principal compartilhar, ensinar e apresentar os fundamentos da Umbanda. Só não se informa e não estuda quem não quer.

Continua valendo o velho adágio: "Quem não vem pelo amor, vem pela dor". Mas, agora, nas palavras do irmão Adriano Camargo, temos a terceira via, a do conhecimento. Muitos chegam à Umbanda por meio do conhecimento, com sede de saber, e encontram em seu seio informação e cultura para o corpo, mente, espírito e coração.

O jovem umbandista, o adolescente, já chega dentro e inserido nesta realidade, nesta "revolução umbandista".

Graças a Deus e aos Orixás, alguns visionários como Pai Ronaldo Linares e Rubens Saraceni ouviram o chamado do astral e prepararam muitos médiuns e sacerdotes para dar amparo intelectual, de conhecimento e cultura como berço da Umbanda que queremos para muito além da Umbanda que temos, pois tudo evolui sempre.

JUS 140 – 01/2012.

Maturidade Umbandista

Chegamos em 2010 e a Umbanda continua mudando, adaptando-se e reciclando-se, sem, no entanto, perder sua tradição e raízes. Vivemos, hoje, um momento muito especial para a religião, e todos que conseguirem perceber este fato poderão participar de um grande movimento, silencioso, que vem acontecendo no seio da religião.

A Umbanda vem buscando, por meio de seus adeptos, uma maturidade nunca antes alcançada. Hoje é evidente que o perfil do umbandista mudou.

Não somos mais uma religião de desinformados; a nova geração que chega aos terreiros não aceita mais: bater palmas porque todo mundo bate, bater cabeça porque todo mundo bate, defumar porque todo mundo defuma e ter suas práticas como dogmas inquestionáveis. A nova geração umbandista chega aos terreiros ou tendas ávida por informação. Não aceita mais a velha resposta de que "ainda não é hora para você saber tal fundamento". Não "colam" mais as desculpas ou subterfúgios para impedir que os novos e velhos adeptos evitem toda e qualquer leitura.

Na década de 1970, a Umbanda foi uma religião extremamente popular em todos os sentidos. Cresceu e, por que não, "inflou-se" de praticantes desavisados, que simplesmente caminhavam com a massa sem saber exatamente onde estavam e para onde estavam indo.

A Umbanda já foi um modismo, já foi uma febre, assim como hoje são outros movimentos religiosos populares que lotam estádios e ocupam a grade televisiva.

O surgimento de novos movimentos religiosos os colocou de frente para a Umbanda; a nova psicologia religiosa, neste mundo capitalista e globalizado, usa da estratégia de mercado e comércio para atrair novos fiéis e engordar a sacolinha. A agressividade dessa realidade levou muitos novos religiosos a denegrir a imagem da Umbanda para levar de roldão seus adeptos. Pois bem, na década de 1980, a Umbanda esvaziou-se, sumiu da mídia e passou a ser vista com desconfiança pelo senso comum. Sofremos a reação de nossa própria desorganização, fomos expostos em nossa fragilidade, e todos aqueles que não se sentiam seguros de sua religiosidade se bandearam para as novas religiões.

Se, por um lado, passamos a sofrer preconceito e discriminação, por outro, passamos a ter adeptos muito mais fortes, seguros e lapidados no calor desta situação. Hoje, o umbandista é alguém que procura informações e que quer respostas a fim de sentir-se seguro com relação a sua religiosidade. Já não basta assistir a milagres, curas e mudanças radicais na vida das pessoas; queremos entender como tudo funciona, de onde vem a intervenção, ou qual a base filosófica que dá sustentação à nossa fé.

A década de 1990 marcou a abertura da Internet e facilitou a troca de informações e o encontro entre irmãos no ambiente virtual. O que antes era uma desconfiança, agora, passou a ser uma certeza; o umbandista é muito crítico e, na maioria dos casos, tem dificuldades em enxergar o outro umbandista, o diferente, como um igual.

Tornou-se evidente a tal da diversidade na religião; no entanto agora, a maturidade nos tem levado, a todos, em busca da unidade. Hoje, popularizamos o conhecimento e a informação na religião; todos que se interessam sabem que há muita informação, conhecimento e campo de estudo dentro da religião.

Pai Ronaldo Linares fez um trabalho pioneiro em formar cursos, abertos, de sacerdócio a quem se interessa pelo aprofundamento e crescimento na religião.

Rubens Saraceni e a Madras Editora abriram um novo campo na literatura umbandista e conquistaram espaço no mercado livreiro, dando acesso aos títulos umbandistas dentro das grandes livrarias. Além de popularizar a informação, Rubens Saraceni também popularizou e multiplicou o estudo dentro da religião. Hoje, centenas de pessoas formadas por ele ministram cursos de Doutrina, Teologia, Desenvolvimento Mediúnico, Sacerdócio Umbandista e Magia Divina.

Rodrigo Queiroz, fundador do *Jornal de Umbanda Sagrada,* mais uma vez foi pioneiro e abriu Cursos Virtuais de Teologia de Umbanda Sagrada, num colégio virtual, ICA – Instituto Cultural Aruanda (www.umbandaead.com.br).

Surgem novos autores de Umbanda, com linguagem própria, oferecendo mais opções dentro dessa diversidade.

A Tenda Espírita Nossa Senhora da Piedade, primeira tenda de Umbanda do Brasil, continua aberta, tendo à frente Lygia Cunha, neta de Zélio, e a seu lado Leonardo Cunha, seu filho, dando continuidade a um legado e tradição da primeira Umbanda.

Muitos outros virão, há espaço para todos, desde que percebam o que é esta unidade, quais são os princípios básicos da Umbanda, quais são nossos fundamentos, qual o mínimo aceito para considerar-se umbandista. Não estamos apenas trabalhando para o hoje ou para insuflar nossos egos com posições de destaque, lugares reservados, prêmios ou medalhas.

O perfil do umbandista de hoje já é outro, muito mais maduro, consciente e interessado. Se continuarmos multiplicando este trabalho, que é de todos, com relação à informação, seguramente, daqui mais uns dez anos teremos mudado a ideia que a sociedade e o senso comum fazem da Umbanda. Aos poucos estamos voltando à mídia e com o tempo ficará claro que há muitos umbandistas bem preparados, não para falar em nome do todo, mas para falar sobre uma unidade de Umbanda à qual todos nós participamos, sem distinção ou proselitismos.

Umbanda é religião, portanto só pode praticar o Bem!!!

JUS 116 – 02/2010.

Cultura Contra a Discriminação

Ouvimos, entre os adeptos das religiões de culto aos Orixás, muitas queixas sobre o "quanto somos discriminados" e o quanto nos "falta espaço na mídia" para mostrar a beleza das religiões, dos cultos e filosofias de matriz africana ou que receberam influência desta. Muito mais se fala de como resolvermos este problema, quais as saídas "legais", qual a postura que devem ter os adeptos que comungam do culto aos Orixás.

De tempos para cá, é possível notar a preocupação de adeptos e praticantes em buscar informações e esclarecimento sobre sua prática, que é, em essência, espiritualista, e só por esse fato já é alvo da crítica materialista.

Discriminação está ligada a preconceito, que é o julgamento feito sem conhecimento de causa, ou seja, um ato de discriminação é um atestado de ignorância cultural. Tanto que é previsto por lei e considerado crime inafiançável.

Mas nós, que somos os adeptos das várias formas de culto aos Orixás, também temos nossa parcela de culpa, pois cabe a nós o interesse por informação e cultura. Mais que isso, somos formadores de opinião, ou de preconceito e ignorância cultural quando somos nós mesmos os desprovidos do INTERESSE CULTURAL.

Tudo isso escrevo na intenção de sensibilizar a todos que se dedicam ou simpatizam com o Culto aos Orixás a se conscientizar para o fundamental interesse por Cultura em todos os sentidos, pois devemos incentivar a nós mesmos no tocante à questão cultural. Esperar que esse incentivo venha de "cima", de Deus, ou do Governo, é pura ilusão.

Entendo que uma das maneiras é divulgar todas as manifestações culturais ligadas ao Culto de Orixás. Também entendo que precisamos de muito pouco para criar oficinas de cultura dentro dos centros, tendas e terreiros, que costumam ficar ociosos na maior parte do tempo. Poderíamos criar mais peças de teatro, música e dança para crianças e adolescentes, sem nos esquecer das aulas sobre espiritualidade de uma forma geral.

Empolguei-me a escrever este texto ao tomar conhecimento sobre uma peça de teatro que fala sobre os Orixás e tem como figura central o Orixá Exu. Um amigo, André Luiz, já havia me falado sobre a peça e manifestou meu interesse. Mas ao ver no complemento da revista *Veja* desta semana (10 de setembro de 2007) uma matéria de ¾ de página (pág. 106) falando da peça, com uma foto enorme nessa revista tão lida e conceituada, foi que atentei para a importância de eventos como esse.

Espero mesmo que todo o povo que cultua ou simpatiza com os Orixás se interesse e assista a essa peça. Quanto mais interesse mostrarmos por todos os movimentos culturais acerca dos Orixás e da cultura afro-brasileira de forma geral, bem como as manifestações de Candomblé e Umbanda, mais estaremos levando esclarecimento ao público em geral.

Parabéns à Cia. Nau de Ícaros pela peça, e parabéns à revista *Veja* pelo destaque dessa peça que foca uma parte da cultura de Orixá.

JUS 88 – 09/2007.

Ciência da Vida

Houve um tempo em que nada se ensinava sobre a religião de Umbanda, muitos se justificavam dizendo que seus ensinamentos eram um segredo (*eró*), e o praticante, também conhecido como médium ou "cavalo de Umbanda", permanecia aguardando o momento em que "o segredo" poderia ser revelado a ele. Ao questionar sobre os ensinamentos ou sobre algum fundamento, era comum ouvir a frase: "Você ainda não está pronto, ou ainda não é o momento de você saber sobre isso". O fato é que muitos foram preparados (ou "despreparados") dessa forma dentro da Umbanda. Muitos ouviram essas frases a vida inteira e hoje apenas fazem repetir a mesma frase, acompanhada de um ar de mistério e olhar inquisidor, para os que estão sob sua orientação (ou "desorientação").

Conhecemos muitos médiuns que não sabem explicar a relação entre Santos Católicos e Orixás existente na Umbanda, seja ela de sincretismo ou de coparticipação no culto a Deus, suas divindades e seus mensageiros. Outros fazem confusão entre o que é um Orixá, como Oxalá e Deus, que pode ser chamado de Zambi, Tupã, Olorun ou Olodumarê.

Confundem-se ainda os conceitos e dogmas católicos com os fundamentos de Umbanda. Muitos batem cabeça e não sabem por que estão fazendo isso; sacerdotes que não têm segurança ou não entendem mesmo o porquê de se realizar rituais de batizado, casamento e encomenda fúnebre.

Confundem-se Umbanda, Candomblé e Espiritismo (Kardecismo). Encontram-se ainda perdidos, sem saber como se classificam ou devem se classificar como Umbanda Branca, Umbanda Mista, Umbanda Trançada, Umbanda Esotérica, Umbanda Iniciática, Umbanda Carismática, Umbanda de Raiz, Umbanda Omolokô, Umbanda de Caboclo e Umbanda para todos os gostos.

O primeiro curso aberto para formação de Sacerdotes de Umbanda é o tradicional curso da Federação Umbandista do Grande ABC, ministrado por Pai Ronaldo Linares desde a década de 1970 e que hoje está na 25ª turma. Pai Ronaldo nos conta que, convivendo com Zélio de Moraes (fundador da Umbanda), entendeu que esta era uma vontade dele também, vontade de preparar sacerdotes que pudessem representar a religião, transmitindo-lhes o conhecimento de maneira uniforme e aberta. Fato este que é confirmado com a presença das filhas de Zélio de Moraes em algumas das Formaturas de Sacerdotes realizadas por Ronaldo Linares.

No livro *Umbanda Cristã e Brasileira*,[8] o autor Jota Alves de Oliveira afirma:

> Ouvimos, de Zélio e Zilméia (em Boca do Mato) a descrição do que foi a grande concentração promovida pela Federação Umbandista do Grande ABC... Ronaldo Linares pretende uniformizar o culto dos templos umbandistas, excluindo gradativamente do ritual os preceitos já superados a fim de atingir, na prática, o conceito definido pelo Caboclo (das Sete Encruzilhadas): "***Umbanda é a manifestação do espírito para a prática da caridade***".

As palavras desse autor apenas endossam o quanto Zélio de Moraes apoiou e considerou importante uma forma-

8. Jota Alves de Oliveira, *Umbanda Cristã e Brasileira*, Rio de Janeiro, Ediouro, 1985.

ção sacerdotal umbandista, bem como sempre incentivou o estudo dentro da religião. Uma vez que sempre foi norma do Regimento Interno de sua Tenda estudar a obra de Kardec e de Leal de Souza. Embora existam todas essas evidências há quem diga o contrário sobre Zélio de Moraes, quem não o reconheça como fundador da Umbanda e inclusive quem desconheça totalmente quem seja Zélio de Moraes.

O conhecimento e o saber relacionado à Umbanda se tornou um problema quando muitos entenderam que manipular o conhecimento era uma forma de poder. E assim alguns utilizaram seu conhecimento para se autofavorecer em detrimento dos que lhes procuravam pedindo ajuda, socorro e amparo mediúnico. Criaram grupos onde o dirigente nada ensinava e mantinha a todos como dependentes de seu saber, às vezes, apenas para manter esse *status* de superioridade frente aos demais e, outras vezes, para realizar trabalhos pagos, como rituais de descarrego e corte de magia negativa, aos olhos da cara, por um grupo que muitas vezes se endivida para cumprir pantomimas feitas para satisfazer um embusteiro ou charlatão que está a mirar o que mais pode explorar de quem lhe procura. **Isto não é Umbanda! Isto é o vilipêndio de uma religião linda que foi definida por seu fundador como: "A manifestação do espírito para a prática da caridade"**. E essa caridade é o fundamento primeiro e maior da religião.

Umbanda é uma religião linda e encantadora, seu conhecimento é livre e acessível a todos; não tem segredos e nunca pode ser utilizada para humilhar, constranger ou acuar alguém em situação ameaçadora. Não pode ser comprada, vendida ou mercantilizada. Na Umbanda, não se vende milagres e muito menos se barganha o carma alheio; tudo deve ser conquistado por mérito e sua magia é dedicada ao sagrado e ao divino em nossas vidas e na vida de nossos semelhantes. Umbanda pratica apenas o bem. **O QUE FOR CONTRÁRIO A ISTO NÃO É UMBANDA!**

O conhecimento e o saber de Umbada é um conhecimento e um saber pertinentes à vida. Caboclo Mirim, que incorporava no saudoso Benjamin Figueiredo, dizia que a Umbanda é a escola da vida. Podemos dizer que a Umbanda é a própria Ciência da Vida e que, aqui nesta escola, estamos todos aprendendo esta ciência. O objeto de tal ciência somos nós mesmos, e seu objetivo é tornar cada um de nós, e todos nós, pessoas melhores e mais felizes. Esta é nossa ciência, esta é nossa doutrina, que se fundamenta na caridade, no amor e na fé.

Estudar é Preciso!

Estudar é preciso e é urgente em nossa religião, tanto para popularizar o conhecimento quanto para termos umbandistas melhores, preparados para estes novos tempos. Portanto, podemos e devemos preparar melhor os médiuns, com cursos, leituras, doutrina e disciplina.

Não temos como evitar que um médium que tenha estudado e até se dedicado faça alguma besteira, pois isto é humano, mas, ainda assim, aquele que estuda tem menos chance de errar.

Há os que dizem que os cursos ou o conhecimento podem interferir durante os trabalhos mediúnicos. Não pararam para pensar que quem se permite interferir com o conhecimento também se permitirá interferir com a ignorância, portanto, o risco de interferir com novas informações é idêntico às interferências com velhas e distorcidas informações.

Nada justifica a ignorância com relação aos fundamentos de sua religião, nada justifica o não estudar, nada justifica essa paralisia mental e até espiritual, pois espíritos evoluem e estudam. Ou alguém pensa que Caboclo e Preto-Velho nunca estudaram para fazerem o que fazem e receitarem o que receitam?

Há quem acredite que é suficiente o conhecimento dos Guias. O que é uma verdade parcial, pois mesmo que não se tenha nenhuma informação, o médium, quando bem incorporado, pode realizar um bom trabalho. Mesmo no médium mais ignorante, um sábio pode se manifestar, desde que haja afinidades de objetivos, entre eles, o de ajudar ao próximo. Quando isso acontece, a Umbanda passa a ser apenas um fenômeno na vida de quem, na verdade, não se interessa por profundidade. Para tê-la como religião é preciso estudar o mínimo para entendê-la como religião, como uma religião que tem uma base doutrinária, teológica e ritualística.

No ano de 1995, mentores "de Umbanda" e "da Umbanda" passaram ao médium Rubens Saraceni a necessidade e a responsabilidade de ir ao encontro dessas necessidades de difundir o conhecimento. Rubens já vinha recebendo informações pela psicografia há muitos anos, juntando dezenas e dezenas de livros que vinham sendo publicados. Ele mesmo já tinha feito o curso de Sacerdócio na Federação Umbandista do Grande ABC com Pai Ronaldo Linares e, agora, recebia a missão de popularizar o conhecimento aberto e irrestrito a todos que quisessem estudar sobre a Umbanda. Naquela época, os mentores explicaram que a Umbanda não tinha nada a esconder. Era preciso multiplicar os ensinamentos e o conhecimento; nada mais seria segredo: tudo seria revelado, explicado e fundamentado.

Foi, então, que surgiu o curso de Teologia de Umbanda Sagrada, o primeiro curso aberto desta forma e com esta proposta. Doze anos depois, é fato o grande número de umbandistas beneficiados por esse curso.

Também foi por iniciativa e determinação do astral que Rubens abriu os cursos de Desenvolvimento Mediúnico, Sacerdócio e Magia Divina.

Que cada um de nós avalie o que é bom, mas que avalie estudando, pois como avaliar o que não se conhece? Muitos de nós nos perguntamos o que fazer pela Umbanda além de nossos trabalhos no terreiro, o que fazer pela Umbanda enquanto religião?

Primeiro, devemos fazer por nós, enquanto umbandistas. Devemos estudar e nos esclarecer para sermos formadores de opinião sobre nossa religião. Depois, devemos, sim, nos esforçar em esclarecer o que é Umbanda e multiplicar as informações. Portanto, estudar Umbanda é um começo, um meio e um destino.

Cursos de Umbanda são essenciais. O estudo dentro do terreiro é fundamental para a evolução da casa; mas os estudos fora do terreiro são fundamentais para a evolução e futuro da religião. Um estudo aberto, que fale dos fundamentos de forma simples e que explique o trabalho que já fazemos. Não precisamos mudar nosso trabalho mediúnico espiritual, apenas entender melhor o que é a Religião de Umbanda, entender melhor o que estamos fazendo aqui, e qual é o nosso papel.

JUS 82 – 03/2007.

Obs.: A grande reclamação dos umbandistas, no passado, era que não havia estudo, esclarecimento nem abertura de diálogo sobre suas práticas e fundamentos. Muitos praticavam a Umbanda e não sabiam nem quem era seu fundador, não conheciam nada de sua história, nada de seu sincretismo, e muito menos de seus elementos doutrinários e teológicos como, por exemplo, o sentido de ser das Sete Linhas de Umbanda. Agora há estudo, e estudo nunca é demais. Este livro é um exemplo do que estamos falando, pois a simples leitura desta obra exemplifica a necessidade de estudar e conhecer os elementos básicos da Umbanda. Estudar é preciso, e praticar também é preciso!

Pensar, Fazer e Produzir Teologia

"A produção teológica não é propriedade de alguns profissionais, ela não pode ser refém dos líderes e sua hierarquia. Nós podemos e devemos fazer teologia. Temos quase que, por obrigação, por missão, fazer teologia." – Prof. Dr. Antonio Boeing – Coordenador do Curso de Bacharelado em Ciências da Religião – UNICLAR.

A palavra teologia vem do grego (*Théos* + *Logos*), em que *Théos* = Deus ou Divindade, *Logos* = Palavra ou Estudo. Literalmente, Teologia é o Estudo de Deus, das Divindades, ou simplemente o Estudo do Sagrado.

Quem primeiro se utilizou do termo foi Platão, em *A República*, para delimitar um campo de compreensão racional da natureza divina, diferente das abordagens poéticas. Aristóteles também empregou o termo para definir a filosofia primeira, mais tarde chamada de Metafísica.

Quando um religioso pensa sobre sua religião, está pensando teologicamente, sua reflexão é teológica e suas conclusões são de conteúdo teológico; desta forma, se produz teologia. Racionalizar, pensar, refletir e expressar a religião, partindo de dentro da mesma, é sempre teologia. Cada religião tem a sua teologia e, muito mais do que isso, há formas diversas de pensar teologias, ou seja, muitas teologias e múltiplas opções de pensar uma mesma religião, por exemplo.

As formas de pensar a teologia são tão diversas como as formas de pensar as religiões. Por isso, existem muitas teologias dentro de uma mesma religião.

No Cristianismo, temos as Teologias Cristãs, como a Teologia Católica, Teologia Ortodoxa, Teologia Luterana, Teologia Protestante, Teologia Anglicana, Teologia Calvinista, Teologia Metodista, Teologia Pentecostal, Teologia Neopentecostal, etc.

As teologias podem ser mais específicas, como, por exemplo, a Teologia da Revelação, que é o estudo das revelações bíblicas. Teologia Dogmática é o estudo dos dogmas de certa religião, que pode se subdividir em Teologia Dogmática Católica, Teologia Dogmática Ortodoxa, Teologia Dogmática Protestante, Teologia Dogmática Neopentecostal e outras. Pode-se falar em Teologia Histórica, que estuda os aspectos históricos de certa religião; Teologia Sistemática, que organiza e sistematiza o conhecimento como um todo e vai explicando certas contradições, por exemplo.

Podemos dizer que não têm fim as diversas teologias ou as diversas formas de se pensar teologia; a cada dia ou época, surgem novas formas de se pensar o sagrado. Pode-se estudar, ainda, a Teologia de Tertuliano, a Teologia de Santo Agostinho, a Teologia de Tomás de Aquino e outras, apenas para citar três expoentes da Teologia Católica.

Desde a década de 1970, fala-se muito em Teologia da Libertação, criada por Gustavo Gutiérrez, e que tem, no Brasil, o teólogo Leonardo Boff como um grande expoente dessa forma de pensar o Catolicismo. Teologia esta que foi e ainda é perseguida por Roma, que não lhe dá legitimidade. No entanto, o povo lhe deu a legitimidade necessária, por ser uma teologia útil que ajuda ao povo pensar um Cristianismo mais humano e pessoal.

Hoje se fala muito na Teologia da Prosperidade, que é a base da atual Teologia Neopentecostal, é a forma de pensar teologia que fundamenta a ideia da bênção financeira e pregações voltadas a este discurso: de que homem abençoado é homem que possui bens materiais.

Também podemos dizer até que está na moda a Teologia Carismática, que defende a postura do carisma, com manifestações de cantos, música e dança durante as missas e encontros.

Dentro da Teologia Católica, podemos catalogar diferentes teologias, como a Teologia Franciscana, Teologia Jesuíta, Teologia Dominicana, Teologia Mariana, etc. Pode-se estudar Teologia Histórica, buscando a Teologia Medieval, Teologia Moderna e Teologia Contemporânea ou Teologia Pós-Moderna, buscando as tendências de acordo com a época.

Assim como há Teologia da Libertação, há Teologia da Esperança, Teologia da Prosperidade, Teologia do Perdão, Teologia do Pecado, que são formas de pensar algumas questões específicas dentro de um campo social, cultural ou dogmático. Conforme se organiza e se multiplica a teologia em áreas de conhecimento, este é dividido pela Teologia Sistemática, dividida em sistemas, que explicam temas e assuntos específicos como Angeologia, Cristologia, Mariologia, Escatologia, Pneumatologia, etc.

Podemos tratar de todas essas várias teologias e outras ainda apenas dentro do Cristianismo, que engloba em si mesmo uma grande variedade de teologias. E, da mesma forma, encontraremos diferentes teologias e variações teológicas dentro de todas as religiões, como Teologias Islâmicas, Teologias Judaicas, Teologias Hinduístas, Teologias Afros, Teologias Indígenas e muitas outras, como a Teologia de Umbanda.

A Teologia de Umbanda também não é refém de um clero e muito menos de uma casta acadêmica; ela é livre e se manifesta por meio dos pensadores de Umbanda. A maior característica da Teologia de Umbanda é revelar os conhecimentos trazidos do astral por meio das entidades, guias de Umbanda. Uma de suas propriedades é não dogmatizar nenhum conhecimento e, sim, explicá-lo à luz da razão, que é o livre exercício da teologia realizada em sintonia entre médiuns e guias de Umbanda que têm esta missão – a missão de explicar e apresentar os fundamentos da religião para que as novas gerações de umbandistas tenham onde fundamentar sua fé de forma livre e racional.

Há muito ainda o que fazer pela Teologia de Umbanda, outros pensadores ainda encarnarão com esta missão, muitos tentarão vilipendiá-la e deturpá-la, mas é certo que o que é bom e dá frutos prevalece. A Umbanda há de perdurar até o fim dos séculos, como bem disse o Caboclo Sete Encruzilhadas, e, se neste momento, se faz necessário fundamentá-la e apresentar sua teologia, então não faltarão médiuns inspirados que sigam os passos de Rubens Saraceni e outros que trazem esta missão de racionalizar nossa teologia.

Teologia é para todos e não para poucos, todos pensam sobre Deus e o sagrado, inclusive ateus. Teologia de Umbanda é para todos os umbandistas.

> "Teólogos são arrogantes por pensar que estão mais perto de Deus."
> – Clodóvis Boof

Teologia de Umbanda Sagrada

Quando um religioso racionaliza, pensa, reflete e fala sobre a sua religião, produz teologia, não importa qual seja a sua formação.

Em 1996, Rubens Saraceni idealizou e concretizou um "Curso Livre de Teologia de Umbanda Sagrada", que tem como base vasto material teológico e doutrinário psicografado por ele. Durante anos, seus guias e mentores se manifestaram transmitindo conceitos básicos para o entendimento dos fundamentos da Umbanda. Os mentores que se manifestavam apresentaram uma clara intenção em mostrar a fundamentação da Umbanda, vista de cima para baixo, da espiritualidade superior para a matéria. Em meio a essas revelações, Pai Benedito de Aruanda passou a psicografar romances de Umbanda, como o aclamado *O Guardião da Meia-Noite.*[9] No final de 1995, quando já contava com alguns títulos publicados, Rubens Saraceni recebeu da espiritualidade a missão de organizar o "Curso Livre de Teologia de Umbanda Sagrada", no qual boa parte do conhecimento doutrinário e teológico seria organizado para ensinar os fundamentos da religião. Dentro dessa proposta, estava o objetivo inovador de ensinar a todos que tivessem o interesse de aprender um pouco mais sobre Umbanda. Leigos, médiuns e sacerdotes umbandistas, independentemente de serem ou não

9. De Rubens Saraceni, publicado pela Madras Editora.

seus filhos espirituais, filhos de santo, discípulos ou umbandistas, todos podem e devem ter acesso a esse conhecimento.

Embora, na Umbanda, já houvesse um pensar teológico variado que se identifica como Umbanda Branca, Tradicional, Popular, Mista, Esotérica, Pura, Eclética, etc., não havia uma produção teológica sistemática por boa parte desses seguimentos, e o umbandista em geral carecia de compreensão teórica para suas práticas e fundamentos.

Há, sim, uma literatura de Umbanda que teve início em 1933 com a primeira publicação de Leal de Souza e que se multiplicou desde então. Com raras exceções, os títulos de Umbanda usavam uma linguagem muito popular e culturalmente pobre, carecendo de fundamentos e base racional, ou abusavam de pseudoerudição ocultista-esotérica na tentativa de explicar os fundamentos da Umbanda por meio de fundamentos alheios à Umbanda. Hoje, vemos o nível de discussão e aprendizado da Umbanda subir lentamente para um patamar superior, que vai, aos poucos, ajudando a religião a conquistar o respeito da sociedade.

Existem muitas Faculdades de Teologia, assim como há Faculdades de Filosofia, Sociologia, Antropologia, História, Matemática, etc. E assim como há faculdades para essas disciplinas, também há cursos livres, sem a pretensão acadêmica de graduação, mas com o único objetivo de ensinar a quem queira aprender, independentemente de sua formação. São muito comuns os cursos de Teologia ministrados em Igrejas e Templos Católicos, Luteranos, Evangélicos, Pentecostais e Neopentecostais. Esses cursos se destinam a religiosos que querem simplesmente aprender mais e conhecer os fundamentos de sua religião.

Rubens Saraceni idealizou o primeiro curso de "Teologia de Umbanda". Hoje, surgiram muitos outros cursos livres de Umbanda, que levam nomes variados, como Curso de Doutrina Umbandista, Curso de Cultura Umbandista, Curso de Iniciação Umbandista, Curso Básico Umbandista, Curso de Introdução à Umbanda ou, simplemente, Curso de Umbanda.

Multiplicam-se os cursos dentro e fora dos terreiros com o único objetivo de organizar o conhecimento e passar informação adiante. É fato que a obra de Rubens Saraceni colaborou, e muito, como inspiração para o surgimento de novos cursos e também de uma nova literatura umbandista, que vem ganhando o coração dos adeptos.

Assim, muita coisa que causa um estranhamento na Umbanda é fenômeno natural em todas as outras religiões, como ter diversidade doutrinária e desenvolver teologia própria para autoexplicar-se e fazer-se entender por seus adeptos. E como a teologia não pode e não deve ser refém de uma graduação, ou instituição, podemos e devemos produzir teologia de forma livre, com o único objetivo de ensinar qual é a base teórica de nossa religião. Esclarecer, ensinar e fundamentar são alguns dos tantos objetivos da Teologia, seja lá de qual religião for.

Para concluir, podemos e devemos dizer: o que faz valer e dá crédito à nossa Teologia de Umbanda Sagrada é um conteúdo simples e objetivo, fundamentado nos ensinamentos dos mentores de Umbanda e que traz um resultado prático e filosófico na vida do umbandista que estuda e passa a dar um sentido para sua prática e ritualística umbandistas. De forma simples e objetiva, a Teologia de Umbanda Sagrada vai, aos poucos, tirando as dúvidas mais básicas sobre Umbanda e construindo uma estrutura de saber que permite ao praticante sentir-se mais seguro e à vontade com relação à sua crença, valores e práticas umbandistas.

A árvore se conhece pelos frutos e a Teologia de Umbanda Sagrada se conhece pelos resultados na vida do praticante.

JUS 128 – 01/2011.

Sociologia de Umbanda

O antropólogo ***Arthur Ramos*** (***O Negro Brasileiro: Etnografia Religiosa***, 1934), dando sequência aos estudos de ***Nina Rodrigues***, na década de 1930, afirmou: "Umbanda é Religião Afro-indo-católico-espírita-ocultista"; "o grão-sacerdote dos angola-congoleses, o ***Quimbanda*** (Kimbanda) passou ao Brasil com os nomes de Quimbanda e seus derivados ***umbanda, embanda e banda***"; "no Brasil, o ***Embanda*** perdeu muito do seu prestígio (...), tem apenas função de ***chefe de macumba (...)*** é também chamado ***pai de terreiro***, ou ***de santo***, e os iniciados, ***filhos*** e ***filhas de santo***".

Edson Carneiro (***Candomblés da Bahia***, 1948), agora continuando a obra de ***Arthur Ramos***, diria que: "Ainda ao tempo das reportagens de ***João do Rio***, os cultos de origem africana do Rio de Janeiro chamavam-se, coletivamente, ***candomblés***, como na Bahia. Mais tarde, o termo genérico passou a ser ***macumba***, substituído, recentemente por ***Umbanda***". E ainda: "Há inúmeros folhetos, muito lidos, que veiculam as mais diversas explicações para os fenômenos da Umbanda, relacionando-os, ora aos aborígines brasileiros, ora à magia do Oriente, ora aos druidas de Kardec".

Roger Bastide, o primeiro sociólogo das religiões no Brasil a estudar os cultos afros e o Candomblé, em especial, diz: "***Umbanda*** é uma valorização da ***macumba*** através do espiritismo (Oliveira Magno, *Ritual Prático de Umbanda*, p. 11.). E o ingresso de brancos em seu seio, trazendo com eles restos de leituras mal digeridas, de filósofos, de teósofos, de ocultistas, não podia senão ajudar esta valorização".

Cândido Procópio Ferreira de Camargo, também sociólogo das religiões, estuda Umbanda a partir do Kardecismo, unindo as duas em um "*continuum* mediúnico", como "religiões mediúnicas", com estas palavras: "Se o Espiritismo é crença à procura de uma instituição, a Umbanda é aspiração religiosa em busca de uma forma. Realmente, o que se vê em São Paulo são cambiantes variados de organizações religiosas, sem unidade doutrinária e ritualística. Todo 'terreiro' tem seu sistema e cada dirigente pensa monopolizar a mais acabada verdade... ".

Renato Ortiz, por fim, coloca os pingos nos "is" da sociologia da religião de Umbanda com estas palavras:

"Não nos encontramos mais na presença de um sincretismo afro-brasileiro, mas diante de **uma síntese brasileira**, de uma religião endógena. (...) Neste sentido, divergimos da análise feita por Roger Bastide em seu livro ***As Religiões Africanas no Brasil***, onde ele considera a Umbanda como uma religião negra, resultante da integração do homem de cor na sociedade brasileira. É necessário porém assinalar que o pensamento de Roger Bastide havia consideravelmente evoluído nestes últimos anos. Já em 1972 ele insiste sobre o caráter nacional da Umbanda (...)".

A quem pretende um estudo de sociologia de Umbanda, ou mesmo de antropologia, recomendo começar sua pesquisa com os autores citados. O que nos chama a atenção e deve chamar a atenção de todos é o fato que demorou muito para que a Umbanda despertasse a atenção de sociólogos ou antropólogos. Demorou para que eles entendessem que se tratava de uma religião brasileira fundada por um brasileiro. Durante muito tempo, se considerou que a Umbanda teria surgido no Brasil em torno da década de 1930 como resultado natural do sincretismo entre várias religiões e culturas. Durante muito tempo, a história de Zélio de Moraes não foi reconhecida nem dentro nem fora da Umbanda. Durante muito tempo, era escasso o material disponível sobre a História da Religião, por exemplo. A História da Religião é fundamental e serve de base para a sociologia e a antropologia da religião. Apenas com a popularização da internet e a digitalização de fontes, fatos e documentos, conseguimos popularizar a História da Umbanda e alguns fatos incontestáveis, como os que marcam a fundação da religião.

JUS 103 – 12/2008.

Espiritualidade Metropolitana

Estar ajustado neste mundo desajustado, ou ter alcançado algo como *status* e poder temporal, não significa estar bem ou ter encontrado uma luz para nossas vidas.

Mesmo quem tenha uma boa condição financeira e seja feliz, demonstrando estar ajustado e confortável neste mundo, se for sincero e tiver uma boa visão da sociedade em que vive como um todo, saberá, no fundo, que faz parte de um sistema doentio e decadente. Ser saudável, equilibrado e feliz implica ter uma consciência do todo ao qual fazemos parte como um grão. Nós todos respiramos o mesmo ar, vivemos da mesma natureza e compartilhamos da mesma realidade. No entanto, em suas realidades particulares, cada um vê o mundo comum com o filtro de seus próprios valores. Independentemente de sua filosofia de vida ou religião, podemos dividir as pessoas entre aquelas que têm consciência do todo e aquelas que não têm consciência.

Viver em sociedade implica uma série de compromissos e responsabilidades para o sistema em que estamos inseridos, que é regido por leis escritas e determinadas pela constituição e regras que nem sempre são claras, mas que, muitas vezes, se tornam um peso na vida daqueles que têm dificuldade em se ajustar às cobranças e expectativas coletivas desta sociedade. Por conta disto, muitas pessoas vivem como autômatos apenas cumprindo horários e funções, vivendo sem consciência e assumindo como seus os valores do senso comum, com seus conceitos e preconceitos. Isto é forte em todas as sociedades, é descrito por Charles Chaplin em seu filme "Tempos Modernos", foi ressaltado pela era industrial e anunciado por sociólogos e filósofos que chamavam a atenção para a alienação em que entra o homem que vive como se fosse apenas uma engrenagem da sociedade, que deve cumprir sua função para que a máquina não pare. Quanto mais urbana e metropolitana for uma comunidade, mais forte serão sentidas essas verdades e seus efeitos na vida dos cidadãos que se amontoam em prédios cinzas em meio à frieza do dia a dia, em que não existe tempo para si mesmo, para a natureza, a poesia e o amor.

Buscamos, na espiritualidade em geral e na Umbanda em particular, um sentido para a vida; buscamos sentir que estamos vivos e não apenas mortos-vivos autômatos, cumprindo funções e papéis neste teatral mundo das aparências e do espetáculo. Para tal, precisamos nos libertar deste ciclo vicioso do que é certo ou errado, deste peso do autojulgamento e do julgamento alheio, de como devo me comportar, falar ou vestir. Deixar de ser aquele que corresponde às expectativas do "outro" e da sociedade para sermos nós mesmos, para descobrir quem somos nós.

Precisamos viver e sentir a vida correndo em nossas almas, como as águas cristalinas de um rio que corre para o mar.

A questão é tão profunda que muitos vivem uma espiritualidade sem sentido para a vida e outros vivem a vida sem sentido para a espiritualidade, tudo muito superficial e desconectado de um todo, ou de uma verdade que seja maior que todos nós. Aderem a esta ou àquela religião como quem passa a fazer parte de um clube social, em busca de mais um rótulo, diploma ou cargo para seu currículo.

Confundem os valores internos do espírito por práticas externas, mostram-se evoluídos pelas roupas que vestem, pela alimentação vegetariana, pela erudição e até usam o não fumar e não beber para enfatizar seus valores, ou para diminuir o outro. Desconhecem que uma verdade maior deve ser maior que todos nós, maior que todas as culturas e todas as raças, e que uma verdade maior desta forma engloba todas as culturas, todas as raças e todas as religiões. Uma verdade maior não deixa ninguém de fora. E numa realidade metropolitana, o confronto de ideias, de religiões, filosofias e raças é cada vez maior. O choque é sentido pelos grupos que se sentem em minoria e discriminados, no entanto, apenas desse choque, apenas desse confronto, é possível nascer algo que seja maior que todos. Apenas do encontro dos diferentes, somos capazes de descobrir um pouco mais sobre nós mesmos. Quando nos descobrimos diferentes e nos esforçamos por viver juntos, é que vamos descobrir quais são as verdades que podem nortear a todos, sem distinção de raça, credo, condição social ou opção sexual, por exemplo.

O que é bom e é maior deve ser bom para todos, e esta verdade é cada vez mais difícil quando os diferentes estão todos juntos num mesmo grupo e em choque por suas diferenças, por seu ego e a vontade de se destacar que cada grupo tem para assumir o topo da montanha e gritar a supremacia de sua filosofia, de seus valores ou de sua raça. Assim é o ser humano e assim é a sociedade metropolitana, o mundo urbano, a realidade plural e diversa.

Não há resultados positivos, nem o nascimento de novos saberes sem o confronto inicial. Vivemos este momento em nossa sociedade, o momento do confronto; no entanto, é certo que, no futuro, desse confronto surgirá o resguardo dos direitos iguais para todos os grupos e a ideia de que todos temos os mesmos deveres e direitos dentro de uma sociedade justa. Em tese, isto já existe, no papel e na lei, mas, na prática, ainda é uma novidade, pois a sociedade, em suas várias camadas, ainda não tem consciência desses valores. O micro em que se insere cada cidadão ainda não tem ideia do macro em que se inserem todos os cidadãos como uma unidade na qual cabem muitas diversidades.

Mesmo nas religiões, em suas práticas e discursos, ainda existem muitos resquícios de valores que servem apenas a determinados grupos e que são usados para justificar o sentimento falso, ilusório e efêmero de superioridade de uns em detrimento de outros. São esses sentimentos segregacionistas, essas ideias de superioridade, que realizaram a Inquisição, que alimentaram o nazismo, que assassinaram milhares de pessoas em Ruanda, que realizou a escravidão dos povos negros e que, ainda hoje, alimenta alguns seguimentos sociais e religiosos com ideias de superioridade. É infantil e hipócrita, tanto o religioso que demoniza a religião alheia quanto o ateu que infantiliza o sentimento de fé do outro. É doentia toda forma de fobia contra as escolhas e características que fazem parte do outro e que, por isso, se vê diferente dele mesmo.

A Umbanda nos ensina que somos espíritos que nascemos muitas vezes, cada uma delas em corpos diferentes, em raças diferentes, em condições sociais diferentes e culturas diversas. Desta forma, a Umbanda ensina que as diferenças são passageiras e superficiais e que o que vale são nossos sentimentos e valores com relação a nós mesmos, ao outro e ao todo ao qual fazemos parte.

Estas palavras são reafirmadas no momento em que as entidades espirituais que se manifestam na Umbanda assumem a identidade de diferentes culturas e raças. Num templo de Umbanda, você é levado a se confrontar com o diferente, ao mesmo tempo que aprende a respeitar o que há de bom nessas diferenças e o que há de valor para além da aparência ou da forma. Num templo de Umbanda, os guias espirituais são nossos mestres e eles se apresentam como índios, caboclos, pretos-velhos, crianças, baianos, exus, pombagiras e outras formas e arquétipos que nos farão aprender que todos têm algo a nos ensinar. Só há algo a aprender com o diferente e esta é a beleza do ser humano: suas diferenças e a sabedoria que há inserida em cada forma diversa de ver o mundo com outros olhos. Cada entidade, espírito-guia, revela um olhar diverso para este mundo. No entanto, todos conduzem a uma verdade que seja maior que todos eles, maior que todos nós, maior que tudo e que sirva de bem comum sem excluir ninguém.

As palavras do Caboclo das Sete Encruzilhadas, dizendo que receberemos a todos e que a ninguém vamos virar as costas, mostram o poder de inclusão da religião, a capacidade de aceitar o outro, de procurar entender o diferente e de busca por algo que sirva a todos sem nenhum excluído, sem marginalizar nem discriminar o ser humano. Cada um de nós é uma alma e um coração, e não podemos discriminar almas ou corações.

Por isso, e muito mais, não consigo traduzir em palavras, apenas em emoção: a Umbanda é um chamado para uma espiritualidade metropolitana. A Umbanda é a oportunidade de viver algo real e profundo sem fugir do mundo, ou sem criar um mundinho mesquinho e particular dentro de um mundo que pertence a todos e não a alguns escolhidos.

Espiritualizar-se em um retiro na montanhas, ou crer que você e seu grupo estão acima dos demais, é muito fácil e cômodo, não dá trabalho. O primeiro não se confronta com o outro e o segundo já condenou o outro ao inferno. Espiritualidade é aceitar a si mesmo e aceitar o outro como parte de uma realidade maior, uma única realidade em que todos somos UM. Ou seja, nesta BANDA, realidade de todos nós, nosso objetivo é nos tornar UM. Queremos, sim, nos tornar UM com Deus, mas isto não acontece antes de nos tornarmos UM com o nosso semelhante. Tornar-se UM com Deus ao mesmo tempo em que se quer estar separado do diferente é apenas uma ilusão. Só somos UM com Deus se conseguirmos nos tornar UM com o Todo, e isso inclui todas as pessoas, as mais diversas principalmente. O único caminho é o caminho da consciência, de nos tornarmos conscientes do Todo e que fazemos parte desse Todo. O caminho para isso é a aceitação de todos como partes do Todo. Isto é a entrega a algo maior que todos nós, isto é o UM da UMBANDA.

Portanto, pretendemos nos espiritualizar dentro dos grandes centros metropolitanos, meditar em meio ao caos urbano e descobrir que as diferenças também nos unem quando descobrimos o encanto e a beleza que há em cada um de nós e no outro. Quer saber como? MEDITE!

Umbanda e o Meio Ambiente

Entramos no século XXI com algumas questões ocupando o topo na lista de prioridades para a humanidade e, lá em cima, vemos um letreiro verde e luminoso piscando a palavra de ordem: **MEIO AMBIENTE**. A questão do Meio Ambiente hoje, e já há muito tempo, deixou de ser um modismo para ser uma questão de sobrevivência, pois diz respeito ao presente e ao futuro da humanidade.

Antes de tudo, lembremos o que quer dizer Meio Ambiente. Segundo Aurélio Buarque de Holanda, é: "O conjunto de condições naturais e de influências que atuam sobre os organismos vivos e o ser humano". Ou seja, refere-se a tudo o que nos cerca nesta Terra, ao nosso *habitat* e como vivemos nele.

Falar de Meio Ambiente e a Prática Religiosa, limitando--nos apenas à relação da liturgia, ritualística e comportamento dos umbandistas com a Natureza, é correr o risco de nos alienarmos a questões maiores. Portanto, entendo que se faz necessário lembrar ou esclarecer as questões que afetam o Brasil e o mundo, para então focarmos o impacto e a relação da ritualística de Umbanda no Meio Ambiente. **"Fechar os olhos para as questões maiores é nos tornarmos míopes para nossas questões particulares. "**

Em 1856, o Chefe Seattle, cacique dos Duwamish, recebeu do governador de Washington, Isaac Stevens, uma proposta para vender as terras indígenas. Vejamos algumas partes da resposta do Chefe Seattle:

"Como podes comprar ou vender o céu e o calor da Terra? Essa ideia nos parece estranha... Cada torrão desta terra é sagrado para o meu povo.

Cada folha reluzente de pinheiro, cada praia arenosa, cada véu de neblina na floresta escura, cada clareira e inseto a zumbir são sagrados nas tradições e consciência do meu povo.

A seiva que circula nas árvores carrega consigo as recordações do homem vermelho. O homem branco esquece a sua terra natal, quando, depois de morto, vai vagar por entre as estrelas. Os nossos mortos nunca esquecem esta formosa terra, pois ela é mãe do homem vermelho. Somos parte da Terra e ela é parte de nós... Os brancos também vão acabar um dia. Talvez mais cedo do que todas as demais raças. Continuem! Poluam sua casa! Numa noite, irão morrer sufocados nos próprios dejetos... Onde ficou a floresta densa e fechada? Acabou. Onde está a águia? Foi embora. Que significa dizer adeus ao pônei ligeiro e à caça?

É o fim da vida e o começo da sobrevivência".

Hoje, 152 anos depois, as palavras do Chefe Seattle se confirmam, como uma verdadeira profecia. Somos vítimas de nós mesmos, somos vítimas do desequilíbrio ambiental que estamos causando a nosso Planeta Terra. Aquecimento global, furacões, *tsunamis* e derretimento da camada polar são apenas alguns dos graves problemas, apontados como resultado da destruição na camada de ozônio.

E A UMBANDA?

Umbanda é uma religião de culto e amor à Natureza; logo, o mínimo que se espera dos umbandistas é consciência ecológica e conhecimento ambiental. Não basta incorporar o espírito de um índio, precisamos incorporar os valores desse índio, os valores do caboclo, os valores da Terra, os valores do Chefe Seattle. Enquanto umbandistas, temos uma responsabilidade ainda maior; afinal, somos nós que reverenciamos nossos Orixás na Natureza. Amar o Orixá é amar a Natureza, é cuidar da Natureza. Nossas oferendas também criam impacto ambiental e social.

Fazemos rituais nas matas, cachoeiras, rios, lagos, bosques, campinas, mirantes, montanhas, pedreiras, caminhos, ruas, encruzilhadas, estradas, campo-santo e no mar. Uma das maiores causas de incêndio acidental nas matas; são causados por velas e cigarros. Os elementos de plástico, vidro e metal, como copos, garrafas e latas, levam um tempo quase que indeterminado para se decompor na natureza. Como diria o querido Pai Ronaldo Linares: "A oferenda de hoje é o lixo de amanhã!".

Podemos, portanto, pensar em oferendas biodegradáveis e, além de não sujarmos, procurar limpar o ambiente onde estamos trabalhando, realizando nosso culto, nossa oferenda. Também precisamos atentar para as questões de ética e bom senso no convívio em sociedade, pois cada vez é mais perigoso fazer oferendas em encruzilhadas, além de ser desagradável ao morador que acorda cedo e encontra uma oferenda em sua porta. Uma solução viável é conquistarmos espaços públicos e privados para fazer nossas oferendas.

Pai Ronaldo Linares e Jamil Rachid, presidentes das duas maiores Federações de Umbanda que se tem notícia, pensaram nestas questões já há muitos anos e tiveram a iniciativa de criar o Santuário Nacional da Umbanda, em Santo André, e o Vale dos Orixás em Juquitiba. São locais destinados para nossos trabalhos espirituais na natureza, com organização e segurança, onde encontramos os Pontos de Força de nossos Orixás para realizar nossas oferendas.

Parabéns a estes exemplos em nossa religião, pois, só por esta iniciativa, já os teríamos como dois dos maiores batalhadores para a Umbanda conquistar seu devido espaço; no entanto, sabemos que tal iniciativa é resultado, também, de muito trabalho, suor e dedicação à causa umbandista.

Umbanda é uma religião, portanto, só pode única e exclusivamente praticar o bem, buscando a perfeição. Busquemos também uma atitude ecologicamente correta. Vamos cuidar de nossa Umbanda com respeito, para nós e para o próximo.

JUS 99 – 08/2008.

Anexo 1 – Prefácio do *Livro da Criação*

PRECISAMOS PENSAR A UMBANDA COM CABEÇA UMBANDISTA

Isto quer dizer: pensar a nossa própria realidade a partir da Umbanda e pensar a Umbanda por meio de uma realidade umbandista, e desta forma alcançar uma visão de mundo umbandista, que é algo urgente para a sobrevivência e independência de nossa religião. Para tanto, é necessário uma Teologia de Umbanda livre, acessível, autêntica e original. Caso contrário, continuaremos copiando e repetindo conceitos e valores alheios à Umbanda.

Apenas por meio de uma cultura umbandista, poderemos criar as condições de dignidade e orgulho de ser umbandista. Esta cultura umbandista é uma interpretação autêntica de toda esta realidade que lhe deu formação, como a base de uma unidade: a Umbanda. A unidade da Umbanda é o denominador comum para a sua própria diversidade. Esta diversidade é válida enquanto não coloca em risco a sua unidade.

Podemos absorver um pouco de todas as religiões e culturas que deram formação à Umbanda, de forma diversa, e ainda assim pensar a Umbanda a partir da Umbanda, de forma una e única. Este olhar é o que parte da unidade para a diversidade, de dentro para fora.

Se continuarmos pensando o mundo de uma forma espírita, católica ou candomblecista, a Umbanda continuará em segundo plano como, apenas, uma prática mediúnica, "mediunismo", e não como a religião que é de fato e de direito.

Esta tomada de posição é necessária para que a Umbanda seja respeitada como religião. Sabemos que a Umbanda é uma religião, repito, de fato e de direito; no entanto, que religião é esta que continua pensando e interpretando o mundo, a vida e a si mesma por meio de outras religiões? Não existe segurança doutrinária, teológica ou racional para o praticante que desconhece os fundamentos de sua própria religião.

SOMOS UMBANDISTAS

Não somos candomblecistas, não somos espíritas nem católicos. Pode parecer uma bobagem esta afirmação; no entanto, é muito raro quem pense a Umbanda a partir de um ponto de vista neutro, independente e autônomo com relação a outras religiões. Não foram poucos os umbandistas que, inseguros de sua prática, foram procurar em seara alheia a segurança que lhe faltava e, assim, passaram a ter uma visão híbrida ou distorcida dos fundamentos da Umbanda.

Desta forma, uma parte dos umbandistas tornou-se praticante do Candomblé, na intenção, por exemplo, de entender melhor os Orixás ou conhecer seus "reais" fundamentos. No entanto, o Candomblé é uma religião diferente, que possui fundamentos diferentes e até conflitantes com os fundamentos da Umbanda. A forma de conhecer e se relacionar com os Orixás no Candomblé é diferente da Umbanda. O Candomblé não explica a Umbanda!

Outra parte dos umbandistas procurou o Espiritismo, por exemplo, para explicar a manifestação dos espíritos na Umbanda. No entanto, a Umbanda tem uma forma própria e única de se relacionar com os espíritos. Na Umbanda, os espíritos se manifestam em linhas de trabalho por meio de arquétipos, utilizando recursos simbólicos e elementos de magia, o que, além de não ser utilizado no Espiritismo, é por ele refutado como atraso espiritual, infantilidade e apego às coisas da matéria. O que não é uma verdade para a Umbanda, na qual os elementos e a magia, largamente utilizados, são recursos adicionais e não vícios ou apego. O Espiritismo não explica a Umbanda!

Quanto ao Catolicismo, ele é totalmente contrário a todas as nossas práticas e à nossa visão de mundo. O que temos em comum é a veneração e o amor aos santos católicos, bem como os rituais de batismo, casamento e ato fúnebre. Ainda assim, na Umbanda, os elementos católicos se revestem de novas cores e novos significados. O Catolicismo não explica a Umbanda!

O ocultismo europeu também não explica a Umbanda, nem o esoterismo ou o *new age*, muito menos a sociologia, antropologia, filosofia ou psicologia. Estas ciências podem estudar e especular a Umbanda, podem sondar nossos rituais e analisar o perfil dos adeptos, mas não podem explicá-la. Elas devem, sim, ouvi-la por meio de seus adeptos.

Diga-se de passagem, as Igrejas Evangélicas, Pentecostais e Neopentecostais também não explicam a Umbanda. Evangélicos, adeptos, pastores, bispos, profetas e missionários, mesmo que sejam ex-umbandistas, não podem e não devem explicar a Umbanda.

Praticantes e adeptos de outras religiões não explicam e não devem tentar explicar a Umbanda! Quando se arvoram em tal empreitada, só criam mais confusão, porque sempre estarão explicando algo a partir da sua visão de mundo, que não é a visão umbandista. Falam de Umbanda partindo do olhar da sua religião, alheia e diferente da Umbanda! E, como resultado, apresentam algo que só existe em suas cabeças, teorias distorcidas, reduzidas, resumidas e, quando não, preconceituosas, demonizadas e discriminadoras.

Apenas o umbandista pode explicar o que é Umbanda; no entanto, devemos nos perguntar: esse umbandista está pronto ou preparado para explicar a Umbanda?

O umbandista é o único que está vivendo a Umbanda e passando por uma experiência profunda e complexa, que é o convívio ou o exercício do transe mediúnico, aliado a toda uma ritualística muito rica. Levam-se anos para ganhar profundidade neste imenso universo cultural e religioso de Umbanda e, ainda assim, esta profundidade prática e teórica só chega aos umbandistas que estão interessados em ir mais fundo dentro da religião. O umbandista precisa de muito estudo para compreender e colaborar em apresentar a Umbanda para a sociedade de uma forma simples, transparente e direta. Praticar Umbanda às cegas ou de forma superficial não é bom para si, nem para a Umbanda e muito menos para a sociedade.

Mesmo que se queira ter esta profundidade e encontrar um caminho para a compreensão dos fundamentos da Umbanda, é preciso saber por onde começar para chegar ao ponto de pensar a Umbanda com uma mente umbandista.

DIFICULDADES EM ESVAZIAR O COPO

Há um conto Zen em que um grande mestre recebeu a visita de um professor de filosofia, afirmando que queria ser seu discípulo. E o candidato a aprendiz não parava de falar de sua própria filosofia. O mestre, que lhe oferecia uma xícara de chá, encheu a xícara e continuou a despejar o chá, que agora transbordava e escorria ao chão. Quando o falante aprendiz lhe questionou o porquê daquele gesto, então o mestre lhe explicou que, para receber algo de novo, era preciso, antes, esvaziar a xícara.

Ainda que não frequentem mais outras religiões, ou que assumam uma identidade umbandista, a grande maioria dos umbandistas veio do Espiritismo ou do Catolicismo e não consegue abandonar sua antiga visão de mundo. Não consegue se esvaziar para receber algo novo. Embora seja um equívoco, isto é muito compreensível, pois no Espiritismo e no Catolicismo, durante anos, lhe foi apresentada uma forma racional e fundamentada de como pensar a realidade. Agora, esses ex-católicos e ex-espíritas estão se tornando umbandistas, num processo lento. No entanto, na grande maioria dos casos, ainda não lhes foi apresentado, na Umbanda, uma forma umbandista de pensar a Umbanda, a vida e a realidade que nos cerca. Assim, de certa forma, eles continuam meio espíritas ou meio católicos. E, como resultado, cada um vai pensando o que quer e vai trazendo para a Umbanda dogmas e paradigmas dessas mesmas searas alheias que já não lhes servem mais e que em nada ajudam a entender a Umbanda.

Por falta de uma explicação umbandista, única e original, de compreender a realidade de cada um e o mundo que nos cerca, continuam todos com suas velhas explicações, antigas teorias e doutrinas, algumas delas, inclusive como já citamos antes, muitas vezes, contrárias aos fundamentos da Umbanda.

São praticantes de Umbanda que ainda têm medo do pecado católico, que levam seus próprios filhos para se batizar numa Igreja e que ainda pensam Deus de uma forma católica ou espírita, da mesma forma que pensavam antes de se tornarem umbandistas. Para estes, a Umbanda não é uma verdade profunda e muito menos uma fé fundamentada em si mesma.

Nós somos umbandistas! Não somos católicos, não somos espíritas e não somos candomblecistas. Então se faz necessário pensar a Umbanda a partir da Umbanda. Pensar a Umbanda com cabeça de umbandista e não com cabeça de católico nem com cabeça de espírita. Somos gratos às contribuições do Cristianismo e do Espiritismo, assim como de outras tradições, na formação da religião de Umbanda. No entanto, carecemos demais de uma forma autêntica de pensar a nossa religião.

QUAL É A NOSSA FORMA DE PENSAR O SAGRADO?

Se não apresentarmos à sociedade nossa visão de mundo, nunca seremos respeitados. Se não mostrarmos que sabemos quais são os fundamentos de nossa religião, seremos tratados como ignorantes. E os fundamentos de nossa religião não são segredos! Muitos desconhecem até mesmo a História da Umbanda, não sabem quem foi o primeiro umbandista e como ela foi idealizada na matéria. Não há como conquistar respeito para si ou para a Umbanda, se não há uma cultura umbandista acerca de quais são os nossos valores e nossa visão de mundo.

A Umbanda se encontra hoje em um ponto de amadurecimento em que é preciso encontrar a sua visão de mundo. Isto é algo que todas as religiões mais antigas já passaram. Todas as religiões beberam do conhecimento e sabedoria de outras religiões em sua formação e, com o tempo, foram desenvolvendo e encontrando a sua própria teologia, sua própria visão de mundo e de si mesma.

UMA TEOLOGIA UMBANDISTA ORIGINAL

As religiões nascem principalmente de revelações, como as de Cristo ou Buda, por exemplo. Depois do desencarne do mestre, seus discípulos mais próximos se entregam na árdua tarefa de registrar o máximo de lembranças que cada um tem da vida e das palavras do Mestre. Assim foi com os apóstolos de Cristo e discípulos de Buda. No início de todas as religiões, ainda há divergências com relação a uma forma autêntica de se pensar a realidade. Para muitos apóstolos e discípulos, o Cristianismo era uma forma de Judaísmo e, antes de ser cristão, era preciso ser judeu. São Paulo fez um grande trabalho para que todos pudessem ser cristãos, independente de serem judeus, e para isso teve que começar a pensar o Cristianismo de forma autônoma. Com o passar dos séculos, houve a estruturação da Igreja Católica Romana e, então, a fé daquele grupo original de judeus passou a nortear uma religião em solo greco-romano e, claro, tão sincrética quanto a grande maioria das outras religiões no momento de sua estruturação.

Santo Agostinho é o primeiro teólogo a produzir vasto material teológico com base na obra de um filósofo grego, Platão. Tempos depois, Tomás que Aquino vai apresentar a sua *Suma Teológica*, um dos mais importantes e completos tratados da Teologia Católica fundamentado na obra de outro grande filósofo, Aristóteles. Agostinho prega a Teologia da Revelação (da Fé), enquanto Aquino prega a Teologia Natural (da Razão). Ambas as formas de pensar a religião, ambas as teologias, se completam e fundamentam a fé católica. Assim, a exemplo destes dois expoentes da Teologia Católica, a Igreja foi aos poucos mostrando ao mundo qual é a forma católica de pensar o mundo e o Catolicismo.

Na Umbanda, hoje, por meio da obra e da mediunidade de Rubens Saraceni, temos a grata oportunidade de ver um rico material teológico autenticamente umbandista.

Nos seus mais de cinquenta títulos psicografados e publicados, Rubens Saraceni já vem apresentando os fundamentos da religião de Umbanda Sagrada. E, agora, o conteúdo deste volume nos parece chegar como um amadurecimento de sua própria obra. Mais uma vez, vamos constatar que tudo tem a hora certa para acontecer. Eis que está em nossas mãos todo um conjunto de conhecimentos e fundamentos para pensar Olorum e os Orixás com uma visão totalmente umbandista.

Eu recebo este livro como um presente do astral superior e como uma oportunidade única de beber nesta fonte fecunda que é a mediunidade desse Mestre, que tem como missão a arte de revelar os fundamentos de nossa religião. Sim, a obra de Rubens Saraceni é uma revelação que vem do astral, não apenas por se tratar de obra psicografada, mas por trazer a fundamentação de conceitos básicos e chaves para a construção de uma teologia livre, autêntica e legítima umbandista.

Perante o estudo de Teologia Comparada das Religiões e das Ciências da Religião, vemos surgir pela mediunidade de Rubens Saraceni uma Teologia de Umbanda Sagrada que tem tanto um perfil de Teologia de Revelação Umbandista, quanto de Teologia Natural Umbandista.

A obra de Rubens Saraceni, ou melhor, dos mentores que se manifestam por meio de sua mediunidade, ora nos lembra as revelações do Pseudo Dionísio Areopagita (por exemplo, ao revelar a estrutura da realidade de Olorum e dos Orixás), ora nos lembra a obra de Santo Agostinho (detalhando o mundo astral como a nossa Cidade de Deus) e ora nos lembra a obra de Tomás de Aquino (pelo uso constante da razão e do detalhamento com que trata cada tema e assunto da Umbanda).

Temos aqui uma Teologia de Umbanda que identificamos como Teologia de Umbanda Sagrada, a qual, é importante que se diga, propõe que toda a Umbanda seja sagrada, pois não há uma Umbanda Sagrada e outra Profana. Utilizar o termo Umbanda Sagrada é uma homenagem e referência ao mentor espiritual de boa parte desta Teologia, o Preto-Velho Pai Benedito de Aruanda, que sempre se refere à Umbanda, toda Ela, como Umbanda Sagrada.

Aqui está um ponto de partida para pensar a Umbanda com cabeça de umbandista. Todas as teologias, de todas as religiões, começam pelo estudo de Deus e pelas teologias da revelação, para depois buscar outras formas de teologia. Estamos presenciando a construção de uma Teologia de Umbanda Original, Inspirada e Única.

A nossa Teologia vem do astral por meio da mediunidade e dos mentores de Umbanda. Por isso é uma Teologia Revelada, livre e espontânea. Por isso, esta teologia não segue um método ou uma estrutura acadêmica, por exemplo; segue muito mais a liberdade e espontaneidade presentes em todas as revelações, como textos sagrados das demais religiões.

Esta Teologia segue uma vertente popular, uma linguagem simples, fácil e acessível. Esta é uma Teologia para quem quer entender a Umbanda em seus fundamentos básicos que ainda estão sendo explicados à luz da Umbanda. Para nós, isto é o mais importante: receber do astral as explicações da Umbanda à luz da Umbanda. Ou seja, a Umbanda explica a Umbanda!

UMA OBRA AUTÊNTICA

Entre tantas revelações sobre Olorum e os Orixás presentes neste livro, exalto aqui a forma autêntica de pensar a criação, com um olhar inédito, um olhar umbandista. É muito esclarecedora a explicação que apresenta o Todo a partir do lado interno e do lado externo da criação. O lado interno, totalmente desconhecido, é o lado interno de Olorum, já o lado externo é sua exteriorização por meio das realidades divina, natural e espiritual. Essas realidades são presentes nos sete planos da vida, em suas múltiplas dimensões.

Só esta forma de pensar o universo e a criação já nos apresenta chaves de interpretação que nos permitem um olhar que privilegia e explica a presença de Olorum e dos Orixás no início de tudo. E o que nos surpreende é a riqueza de detalhes e informação com que o autor espiritual vai explicando e desdobrando questões pertinentes à Criação. De forma minuciosa, vamos passando a ter uma visão umbandista sobre Olorum e os Orixás Originais. Sim, uma visão umbandista!

A UMBANDA EXPLICA A UMBANDA

Quem explica a Umbanda são os umbandistas e ponto final. Tanto os guias espirituais, quanto os praticantes, podem e devem explicar a Umbanda. No entanto, o umbandista precisa se preparar para tal empreitada. Preparar-se dentro da Umbanda e não fora dela!

Todas as religiões são boas. "A melhor religião é aquela que faz de você uma pessoa melhor." Seguir uma religião e sua verdade é uma escolha. Você pode receber este material como uma revelação da Umbanda para os umbandistas, ou pode continuar pensando e crendo por meio dos valores de outras religiões. A escolha é sua, sempre. Por isso, a Umbanda é uma religião tão livre, nossos mentores nos oferecem o que há de melhor para nossas vidas, ainda assim, a escolha de pegar estas sementes é sempre nossa. Aproveite cada gota deste néctar, receba e plante estas sementes, adube com amor e cresça junto com a Umbanda Sagrada.

Anexo 2 – Macumba – por Leal de Souza

O texto a seguir faz parte do primeiro livro de Umbanda, *O Espiritismo, a Magia e as Sete Linhas de Umbanda*, publicado em 1933 por Leal de Souza, médium preparado por Zélio de Moraes. No texto, fica claro que, naquela época, os praticantes de Umbanda faziam clara distinção entre esta e a Macumba. O texto mostra a intenção do autor umbandista em distinguir Umbanda e Macumba, o que se evidencia com a leitura integral do livro citado.

A MACUMBA

A macumba se distingue e caracteriza pelo uso de batuques, tambores e alguns instrumentos originários da África.

Essa música, bizarra em sua irregularidade soturna, não representa um acessório de barulho inútil, pois exerce positiva influência nos trabalhos, acelerando, com as suas vibrações, os lances fluídicos.

As reuniões não comportam limitações de hora, prolongando-se, na maioria das situações, até o alvorecer. São dirigidas sempre por um espírito, invariavelmente obedecido sem tergiversações, porque está habituado a punir os recalcitrantes com implacável rigor.

É, de ordinário, o espírito de um africano, porém também os há de caboclos. Os métodos, seja qual for a entidade dirigente, são os mesmos, porque o caboclo aprendeu com o africano.

Os médiuns que ajudam o aparelho receptor do guia da reunião, às vezes, temem receber as entidades auxiliares. Aquele ordena-lhes que fiquem de joelhos, dá-lhes um copo de vinho, porém com mais frequência, puxa-lhes, com uma palmatória de cinco buracos, dois alentados bolos.

Depois da incorporação, manda queimar-lhes pólvora nas mãos, que se tornam incombustíveis, quando o espírito toma posse integral do organismo do médium.

Conhecendo essa prova e seus resultados quando a incorporação é incompleta, apassivam-se os aparelhos humanos, entregando-se por inteiro aqueles que devem utilizá-los.

Os trabalhos, que, segundo os objetivos, participam da magia, ora impressionam pela singularidade, ora assustam pela violência, surpreendem pela beleza. Obrigam a meditação, forçam ao estudo, e foi estudando-os que cheguei a outra margem do Espiritismo.

Anexo 3 – Zélio de Moraes – por Zélio de Moraes

"A UMBANDA EXISTE HÁ 64 ANOS!"

Este é o título da reportagem, com Zélio de Moraes, feita por ***Lília Ribeiro, Lucy e Creuza*** para a revista *Gira da Umbanda*, ano 1, número 1, 1972. A revista foi editada por ***Atila Nunes Filho*** e traz na capa a chamada: EXCLUSIVO: "Eu Fundei a Umbanda".

Com 82 anos de idade, este homem é considerado por um pequeno grupo de umbandistas "o fundador da Umbanda".

Cabelos grisalhos, fisionomia serena e simples, Zélio de Moraes, através do seu guia espiritual, o Caboclo das Sete Encruzilhadas, só sabe praticar o amor e a humildade.

"– Na minha família, todos são da marinha: almirantes, comandantes, um capitão-de-mar-e-guerra... Só eu que não sou nada... " – comentava, sorrindo, Zélio de Moraes, aos amigos que o visitavam, nessa manhã ensolarada.

E a repórter, antes mesmo de se apresentar, retrucou:

"– Almirantes ilustres, capitães-de-mar-e-guerra há muitos; o médium do Caboclo das Sete Encruzilhadas, porém, é um só".

Levantando-se, Zélio de Moraes – magrinho, de estatura mediana, cabelos grisalhos, fisionomia serena e de uma simplicidade sem igual – acolheu-me, como se fôssemos velhos conhecidos. Nesse ambiente cordial, sentindo-me completamente à vontade, possuída de estranho bem-estar, esquecendo, quase, a minha função jornalística, iniciei uma palestra, que se prolongaria por várias horas, deixando-me uma impressão inesquecível.

Perguntei-lhe como ocorrera a eclosão de sua mediunidade e de que forma se manifestara, pela primeira vez, o Caboclo das Sete Encruzilhadas.

"– Eu estava paralítico, desenganado pelos médicos. Certo dia, para surpresa de minha família, sentei-me na cama e disse que no dia seguinte estaria curado. Isso foi a 14 de novembro de 1908. Eu tinha 18 anos. No dia 15, amanheci bom. Meus pais eram católicos, mas, diante dessa cura inexplicável, resolveram levar-me à Federação Espírita de Niterói, cujo presidente era o Sr. José de Souza. Foi ele mesmo quem me chamou para que ocupasse um lugar à mesa de trabalhos, à sua direita. Senti-me deslocado, constrangido, em meio àqueles senhores. E causei logo um pequeno tumulto. Sem saber por que, em dado momento, eu disse: 'Falta uma flor nesta mesa; vou buscá-la'. E, apesar da advertência de que não me poderia afastar, levantei-me, fui ao jardim e voltei com uma flor que coloquei no centro da mesa. Serenado o ambiente e iniciados os trabalhos, verifiquei que os espíritos que se apresentavam aos videntes como índios e pretos eram convidados a se afastar. Foi então que, impelido por uma força estranha, levantei-me outra vez e perguntei por que não se podiam manifestar esses espíritos que, embora de aspecto humilde, eram trabalhadores. Estabeleceu-se um debate e um dos videntes, tomando a palavra, indagou:

'– O irmão é um padre jesuíta. Por que fala dessa maneira e qual é o seu nome?'

Respondi sem querer:

'– Amanhã estarei em casa deste aparelho, simbolizando a humildade e a igualdade que devem existir entre todos os irmãos, encarnados e desencarnados. E se querem um nome, que seja este: sou o Caboclo das Sete Encruzilhadas'.

Minha família ficou apavorada. No dia seguinte, verdadeira romaria formou-se na Rua Floriano Peixoto, onde eu morava, no número 30. Parentes, desconhecidos, os tios, que eram sacerdotes católicos, e quase todos os membros da Federação Espírita, naturalmente em busca de uma comprovação. O Caboclo das Sete Encruzilhadas manifestou-se, dando-nos a primeira sessão de Umbanda na forma em que, daí para frente, realizaria os seus trabalhos. Como primeira prova de sua presença, através do passe, curou um paralítico, entregando a conclusão da cura ao Preto-Velho, Pai Antonio, que nesse mesmo dia se apresentou. Estava criada a primeira Tenda de Umbanda, com o nome de Nossa Senhora da Piedade, porque assim como a imagem de Maria ampara em seus braços o Filho, seria o amparo de todos os que a ela recorressem. O Caboclo determinou que as sessões seriam diárias, das 20 às 22 horas, e o atendimento gratuito, obedecendo ao lema: "dai de graça o que de graça recebestes". O uniforme totalmente branco e sapato tênis.

Desse dia em diante, já ao amanhecer, havia gente à porta, em busca de passes, cura e conselhos. Médiuns que não tinham a oportunidade de trabalhar espiritualmente, por só receberem entidades que se apresentavam como Caboclos e Pretos-Velhos, passaram a cooperar nos trabalhos. Outros, considerados portadores de doenças mentais desconhecidas, revelaram-se médiuns excepcionais, de incorporação e de transporte".

Citando nomes e datas, com precisão extraordinária, Zélio de Moraes relata o que foram os primeiros anos de sua atividade mediúnica. Dez anos depois, o Caboclo das Sete Encruzilhadas anunciou a segunda fase de sua missão: a fundação de sete templos de Umbanda e, nas reuniões doutrinárias que realizava às quintas-feiras, foi destacando os médiuns que assumiriam a direção das novas tendas: a primeira, com o nome de Nossa Senhora da Conceição e, sucessivamente, Nossa Senhora da Guia, São Pedro, Santa Bárbara, São Jorge, Oxalá e São Jerônimo.

"– Na época" – prossegue Zélio – "imperava a feitiçaria; trabalhava-se muito para o mal, através de objetos materiais, aves e animais sacrificados, tudo a preços elevadíssimos. Para combater esses trabalhos de magia negativa, o Caboclo trouxe outra entidade, o Orixá Malé, que destruía esses malefícios e curava obsedados. Ainda hoje isso existe: há quem trabalhe para fazer ou desmanchar feitiçarias, só para ganhar dinheiro. Mas eu digo: não há ninguém que possa contar que eu cobrei um tostão pelas curas que se realizavam em nossa casa; milhares de obsedados, encaminhados inclusive pelos médicos dos sanatórios de doentes mentais... E quando apresentavam ao Caboclo a relação desses enfermos, ele indicava os que poderiam ser curados espiritualmente; os outros dependiam de tratamentos material...".

Perguntei então a Zélio a sua opinião sobre o sacrifício de animais que alguns médiuns fazem na intenção dos Orixás.

Zélio absteve-se de opinar, limitou-se a dizer:

"– Os meus guias nunca mandaram sacrificar animais, nem permitiriam que se cobrasse um centavo pelos trabalhos efetuados. No Espiritismo, não pode pensar em ganhar dinheiro; deve-se pensar em Deus e no preparo da vida futura."

O Caboclo das Sete Encruzilhadas não adotava atabaques nem palmas para marcar o ritmo dos cânticos, nem objetos de adorno, como capacetes, cocares, etc. Quanto ao número de guias a ser usado pelo médium, Zélio opina:

"– A guia deve ser feita de acordo com os protetores que se manifestam. Para o Preto-Velho deve-se usar a guia de Preto-Velho; para o Caboclo, a guia correspondente ao Caboclo. É o bastante. Não há necessidade de carregar cinco ou dez guias no pescoço...".

Considera o Exu um espírito trabalhador como os outros:

"– O trabalho com os Exus requer muito cuidado. É fácil ao mau médium dar manifestação como Exu e ser, na realidade, um espírito atrasado, como acontece, também, na incorporação de Criança. Considero o Exu um espírito que foi despertado das trevas e, progredindo na escala evolutiva, trabalha em benefício dos necessitados. O Caboclo das Sete Encruzilhadas ensinava o que Exu é, como na polícia, o soldado. O chefe de polícia não prende o malfeitor; o delegado também não prende. Quem prende é o soldado que executa as ordens dos chefes. E o Exu é um espírito que se prontifica a fazer o bem, porque cada passo que dá em benefício de alguém é mais uma luz que adquire. Atrair o espírito atrasado que estiver obsedando e afastá-lo é um dos seus trabalhos. E é assim que vai evoluindo. Torna-se, portanto, um auxiliar do Orixá.

CINQUENTA ANOS DE ATIVIDADE MEDIÚNICA

Relembrando fatos passados em mais de meio século de atividade espiritualista, Zélio refere-se a centenas de tendas de Umbanda fundadas na Guanabara, em São Paulo, Estado do Rio, Minas, Espírito Santo, Rio Grande do Sul. A Federação de Umbanda do Brasil, hoje União Espiritista de Umbanda do Brasil, foi criada por determinação do Caboclo das Sete Encruzilhadas, a 26 de agosto de 1939.

Da Tenda Nossa Senhora da Piedade saíam constantemente médiuns de capacidade comprovada, com a missão de dirigirem novos templos umbandistas; entre eles, José Meireles, na época deputado federal; José Álvares Pessoa, que deixou uma lembrança indelével de sua extraordinária cultura espiritualista; Martinho Mendes Ferreira, atual presidente da Congregação Espírita Umbandista do Brasil; Carlos Monte de Almeida, um dos diretores de culto da T. U. L. E. F. ; João Severino Ramos, trabalhando ainda hoje, ativamente, inclusive na Assessoria de Culto do Conselho Nacional Deliberativo da Umbanda. Outros, fugindo às rígidas determinações de humildade e caridade do Caboclo das Sete Encruzilhadas, desvirtuaram normas do culto. Mas a Umbanda, preconizada através da mediunidade de Zélio de Moraes, difundiu-se extraordinariamente e hoje podemos encontrar suas características em tendas modestas e nos grandes templos, como o Caminheiros da Verdade e a Tenda Mirim, nos quais a orientação de João Carneiro de Almeida e Benjamin Figueiredo mantém elevado nível de espiritualidade, no Primado de Umbanda, uma das mais perfeitas entidades associativas da nossa religião.

Durante mais de cinquenta anos, o Caboclo das Sete Encruzilhadas dirigiu a Tenda Nossa Senhora da Piedade; após esse tempo, passou a direção à filha mais velha do médium, dona Zélia, aparelho do Caboclo Sete Flechas. Entretanto, Pai Antonio continua trabalhando, na cabana que tem o seu nome, localizada num sítio maravilhoso, em Cachoeiras de Macacu. O Caboclo manifesta-se ainda em datas especiais, como foi, por exemplo, o 63º aniversário daquela tenda. Da gravação feita durante a celebração festiva, reproduzimos para os leitores o trecho final da mensagem do Caboclo das Sete Encruzilhadas:

"A Umbanda tem progredido e vai progredir muito ainda. É preciso haver sinceridade, amor de irmão para irmão, para que a vil moeda não venha a destruir o médium, que será mais tarde expulso, como Jesus expulsou os vendilhões do templo. É preciso estar sempre de prevenção contra os obsessores, que podem atingir o médium. É preciso ter cuidado e haver moral, para que a Umbanda progrida e seja sempre uma Umbanda de humildade, amor e caridade. Essa é a nossa bandeira. Meus irmãos: sede humildes, trazei amor no coração para que pela vossa mediunidade possa baixar um espírito superior; sempre afinados com a virtude que Jesus pregou na Terra, para que venha buscar socorro em vossas casas de caridade, todo o Brasil... Tenho uma coisa a vos pedir: se Jesus veio ao planeta Terra na humilde manjedoura, não foi por acaso, não. Foi o Pai que assim o determinou. Que o nascimento de Jesus, o espírito que viria traçar à humanidade o caminho de obter a paz, saúde e felicidade, a humildade em que ele baixou neste planeta, a estrela que iluminou aquele estábulo, sirva para vós, iluminando vossos espíritos, retirando os escuros da maldade por pensamento, por ações; que Deus perdoe tudo o que tiverdes feito ou as maldades que podeis haver pensado, para que a paz possa reinar em vossos corações e nos vossos lares. Eu, meus irmãos, como o menor espírito que baixou à Terra, mas amigo de todos, numa concentração perfeita dos espíritos que me rodeiam neste momento, peço que eles sintam a necessidade de cada um de vós e que, ao sairdes deste templo de caridade, encontreis os caminhos abertos, vossos enfermos curados e a saúde para sempre em vossa matéria. Com o meu voto de paz, saúde e felicidade, com humildade, amor e caridade, sou e serei sempre o humilde CABOCLO DAS SETE ENCRUZILHADAS.

Transcrição completa da entrevista com Zélio de Moraes, feita por ***Lilia Ribeiro, Lucy e Creuza*** para a revista *Gira da Umbanda*, ano 1, número 1, 1972, pesquisada por Alexandre Cumino

Anexo 4 – Gravações de Lilia Ribeiro e o Caboclo das Sete Encruzilhadas

Durante o período em que estava organizando material e escrevendo o livro *História da Umbanda*, foi chegando muita coisa em minhas mãos, além do que já dispunha por meio de anos garimpando em sebos e *sites* de busca, sobre registros antigos de nossa religião.

De tudo o que consegui coletar, sem dúvida, um dos materiais que mais me impressionou foram as gravações feitas com Zélio de Moraes e o Caboclo das Sete Encruzilhadas, por Lilia Ribeiro, da TULEF. Uma cópia das entrevistas feitas por ela para o *Jornal Macaia* foi-me entregue por Mãe Maria de Omulu, da Casa Branca de Oxalá. Duas dessas gravações foram colocadas na íntegra no livro *História da Umbanda*, com mais dois fragmentos de outras gravações.

Tive a oportunidade de ouvir esses áudios junto de Lygia Cunha e Leonardo Cunha dos Santos (neta e bisneto de Zélio de Moraes), atuais dirigentes da Tenda Espírita Nossa Senhora da Piedade, o que foi uma grande emoção.

Os textos são longos e mesclam ora a voz de Zélio, ora a voz do Caboclo das Sete Encruzilhadas. Zélio já estava com idade avançada e, ainda assim, é possível perceber, no timbre de sua voz e na pronúncia, determinação, convicção e fé em cada palavra, além de muita emoção.

Para publicar aqui, foram editadas algumas partes do texto original, para adequá-las a este espaço físico, o que não quebra nem muda seu contexto ou mensagem original, que fala por si mesma e não deixa dúvidas com relação ao conteúdo que se faz expressar nas palavras do "Pai da Umbanda" – como bem coloca Pai Ronaldo Linares.

A gravação que transcrevo a seguir **(Fita 52)** foi realizada em novembro de 1971, no 63º aniversário da Tenda Nossa Senhora da Piedade e da Religião de Umbanda no Brasil. O texto começa com Zélio de Moraes dizendo ***"ao meu lado está o Caboclo das Sete Encruzilhadas"***. A impressão que dá é de que ele está ouvindo e repetindo as palavras do "Chefe", para, logo em seguida, este lhe tomar a frente na comunicação. O que se lê é um dos poucos registros em que, de forma direta e incisiva, é abordada a criação e o nascimento da Religião de Umbanda:

"Queridos irmãos, ao meu lado está o Caboclo das Sete Encruzilhadas para dizer a vocês que esta Umbanda tão querida de todos nós fez ontem 63 anos. Que na Federação Kardecista do estado do Rio, presidida por José de Souza, conhecido por Zeca e rodeado de gente velha, homens de cabelos grisalhos, um enviado de Santo Agostinho chamou meu aparelho, me chamou, para sentar a sua cabeceira. Trazia uma ordem, fora jesuíta até aquele momento, chamava-se Gabriel Malagrida; daquele instante ele ia criar a Lei da Umbanda, onde o preto e o caboclo pudessem manifestar. Porque ele não estava de acordo com a Federação Kardecista, que não recebia pretos nem caboclos.

Pois se o Brasil – o que existia no Brasil eram caboclos, eram nativos – se no Brasil, quem veio explorar o Brasil, trouxe para trabalhar, para engrandecer este país, eram os pretos da costa da África, como é que uma Federação Espírita não recebia caboclo nem preto?

Então disse eu, disse o espírito, amanhã na casa de meu aparelho na Rua Floriano Peixoto 30, será inaugurada uma Tenda Espírita com o nome de Nossa Senhora da Piedade, que se chamará Tenda de Umbanda, onde o preto e o caboclo pudessem trabalhar.

Houve balbúrdia, embora eles reconhecessem a mediunidade que eu trazia, mas eu era muito moço, pois tinha feito 18 anos e por doença fui levado à federação, porque os médicos não me davam jeito.

Então este espírito que nós chamamos O Chefe, o Caboclo das Sete Encruzilhadas, implantou na federação, chamando aqueles senhores, todos de cabelos grisalhos, senhores de responsabilidade, para assistirem à sessão na rua Floriano Peixoto nº 30. E o presidente da federação perguntou:

– E o meu irmão vai acreditar que lá tenha alguém amanhã?

A minha resposta, a resposta do caboclo:

'– Botarei no cume de cada montanha que circula Neves uma trombeta tocando, anunciando a existência de uma tenda espírita onde o preto e o caboclo pudessem trabalhar'.

Foi a 15 de novembro de 1908, no dia 16 de novembro a nossa casa ficou cheia, e eu posso dizer aos meus irmãos, só fiz levado por este espírito que é o nosso guia porque eu não queria aceitar, eu estava sem saber, achando uma coisa extraordinária. Eu ia assumir uma responsabilidade de ter uma Tenda Espírita, de receber um guia pra fazer que os doutos, doutores, fossem lá, buscar a cura de seus entes queridos. Pois, meu irmão, tudo isto fiz eu, o meu anunciar da tenda foi tomar o meu aparelho e começar a produzir, a curar aqueles que estavam lá, ou fosse por isso, ou fosse por aquilo, mas Deus que é sumamente misericordioso levou um cego e outras pessoas, como também paralíticos, na Tenda da Piedade, na minha frente, eu disse à vista de todos:

' – Se tem fé levanta e caminha, porque quando chegar perto de mim estarás curado'. (Aqui é possível perceber grande emoção na voz de Zélio)...

[...] Por isso, meus irmãos, criei Sete tendas na capital da República no Distrito Federal, a primeira foi criada e entregue a nossa irmã Gabriela, mais tarde, dois anos ou três anos depois, passei para José Meireles, que foi também, que era um deputado federal, que foi em busca de cura de sua filha... enfim, criei Sete Tendas.

[...] Depois delas funcionarem, depois de tirar os médiuns dessa tenda (Tenda Espírita Nossa Senhora da Piedade) para que os médiuns pudessem trabalhar em outras tendas, formadas estas tendas vamos criar a Federação de Umbanda no Brasil. Chamei Idelfonso Monteiro, Maurício Marcos de Lisboa, Major Alfredo Marinho Ravache, hoje General, era major naquele tempo, enfim, botei cinco pessoas para se fazer a Federação de Umbanda no Brasil (FEUB – Federação Espírita de Umbanda do Brasil, que seria mais tarde UEUB – União Espírita de Umbanda do Brasil).

[...] Mais tarde, a Tenda da Piedade continuou a trabalhar contando com a assistência deste aparelho que falo, continuou a produzir, a curar, porque a cura de loucos nestes 63 anos, trabalhando para uma casa de saúde, que os médicos nos procuravam, iam a nossa casa, a casa do meu aparelho para pedir, para saber quais os loucos que tinham cura, dando os nomes e apontando: '– Esse, esse, esse e esse tem cura, os outros não, porque esses são atuados por espíritos e nós vamos afastar estes espíritos e a maluquice passa'.

Veio então mais tarde a formação de um jornal de propaganda para a nossa Umbanda (Jornal de Umbanda), aí contamos com o secretário da tenda, Luiz Marinho da Cunha, contamos com Leal de Souza e outros... E meus irmãos, a Umbanda continua, nasceu em 1908 na Federação Kardecista de Niterói...

Hoje, a Umbanda está em todos os estados porque médiuns daqui saíram para o Rio Grande, porque não pude levar o meu aparelho lá, mas levei ao estado do Rio, levei a São Paulo onde criei mais de 20 tendas, em Minas, enfim, no Espírito Santo também tem, de curas que fez lá e foi necessário se fazer tendas espíritas da nossa Umbanda querida nestes estados.

Porque havia necessidade, não vim por acaso não, eu trouxe uma ordem, uma missão, porque venho há muito tempo dizendo aquilo que ia acontecer, desde o terremoto de Lisboa em 1755[10] *até este momento, e tudo aquilo que eu dizia que ia acontecer acontecia.*

Pois bem, sejam humildes, tragam amor no coração, mas amor de irmão para irmão porque as vossas mediunidades ficarão muito mais limpas e puras, útil a qualquer espírito superior que possa baixar...

[...] Meus irmãos, este aparelho está velho, já com 80 anos a fazer, mas começou antes dos 18... fui procurar as mediunidades que ele tinha para fazer à nossa Umbanda no Brasil, e todos estes, a maior parte ou todos estes que trabalham em Umbandas e não passaram por esta tenda, passaram por filhos saídos desta tenda que criaram outros terreiros.

[...] Eu, meu irmão, como o menor espírito que baixou nesta terra, mas amigo de todos, numa concentração perfeita de espíritos que me rodeiam neste momento, que eles sintam a necessidade de cada um e ao saírem deste templo de caridade, que vocês encontrem os caminhos abertos, os vossos enfermos melhorados e curados e a saúde para sempre nas vossas matérias.

10. Aqui são palavras do Caboclo das Sete Encruzilhadas, que em vida foi o jesuíta, Frei Gabriel de Malagrida, que previu esse terremoto. Perseguido pelo Marques de Pombal, foi vítima de intrigas que o levaram à fogueira da "Santa Inquisição", tendo por acusação maior ter previsto esse terremoto. *JUS 129 – 02/2011.*

Com paz, saúde e felicidade, com humildade amor e caridade, sou e serei sempre o humilde Caboclo das Sete Encruzilhadas".

Aqui, no final do último parágrafo, é possível perceber a emoção nas palavras do Caboclo das Sete Encruzilhadas, que ao término parece como que a mesma emoção sentida por Zélio de Moraes, dando-nos a impressão de que fala e ouve o que está sendo dito por seu intermédio. Temos a sensação, nas últimas palavras, que o médium se encontra em lágrimas, algo que realmente emociona.

JUS 129 – 02/2011.

História da Umbanda: Zélio de Moraes e o Caboclo das Sete Encruzilhadas

Fita 31ª – Introdução de Alexandre Cumino

No mês passado, publicamos no *Jornal de Umbanda Sagrada* a gravação feita por Lilia Ribeiro, da TULEF, com Zélio de Moraes e o Caboclo das Sete Encruzilhadas. Aquela mensagem foi registrada por Lilia como "Fita 52". Coloco a seguir a mensagem da "Fita 31 A" que, junto da primeira, formam as duas mensagens de maior conteúdo. Mais uma vez, agradeço à Mãe Maria de Omulu por nos disponibilizar este material fundamental a quem queira estudar e compreender a História da Umbanda. Consta também que esta fita corresponde à gravação feita na casa da senhora Lilia Ribeiro, diretora da TULEF (Tenda de Umbanda Luz, Esperança, Fraternidade – RJ), no dia 16 de novembro de 1972, última vez que o Caboclo das Sete Encruzilhadas incorporava no médium Zélio Fernandino de Moraes, publicamente, para dar uma mensagem. Boa leitura e bons estudos.

Antes que se ouça a voz do Caboclo das Sete Encruzilhadas, logo no início da gravação, é possível ouvir seu ponto cantado de chamada, "Chegoou, Chegoou com Deus; Chegou, Chegou o Caboclo das Sete Encruzilhadas".

"Meus queridos irmãos, neste momento, vindo do espaço, permitam que neste estudo para amenizar sofrimentos dos que estão na Terra, encarcerados em seus corpos; meus irmãos, estou satisfeito porque estou junto de vocês, porque todos vocês vêm me ajudando na obra que tomei a missão, no espaço, de implantar a Umbanda de humildade, amor e caridade, aproveitando um jovem moço em meio daqueles senhores, daqueles velhos kardecistas.

Tomei a missão e vejo neste instante grandes representações, não estão todas porque por este Brasil afora criei Tendas da Umbanda construtivas, sadias, com moral e dando de graça o que de graça se recebe. Do sul do país aos estados do norte, ouviam a minha palavra, desenvolviam médiuns e fui criando tendas. Grandes médiuns encontrei, grandes médiuns pude fazê-los, incorporei bem, trabalhei na caridade, tomando a direção de uma tenda, e assim foi se criando Tendas.

Meus irmãos, me satisfaz estar entre vocês porque naquele dia 15 de novembro, na federação kardecista, eu anunciei a Tenda de Nossa Senhora da Piedade, do modo que a mãe tinha piedade de seu filho, que tivesse piedade desta humanidade.

Grandes coisas foram feitas na Tenda, grandes coisas eu pude fazer para aqueles que estavam, com certeza, crentes de que a Tenda não teria vida para que um dia após eu anunciasse a eles a Umbanda – Deus comigo, Deus conosco, do nosso lado – será a religião deste fim de século.

Meus irmãos, eu disse, vou levar daqui uma semente, vou plantar nas neves e aquela árvore ficará frondosa para dar a sombra para todos os seus filhos, a todos aqueles que precisarem de uma sombra amena, os que dizem sentirem o queimar do sol de crimes, de vícios, de paixões que se criavam, que existiam como existem ainda hoje no meio da humanidade.

A Tenda da Piedade foi criada e progrediu, faz hoje 64 anos que dou a minha comunicação aos meus irmãos.

Aqueles coronéis que me cercavam, aqueles velhos que me cercavam... estavam admirados de um menino fazer e dizer aquilo que eu dizia, aquilo que eu pregava e que anunciava.

Pois bem, meus irmãos, ao formar a nossa Umbanda com grande sacrifício, porque é preciso curar, é preciso levar aos lares, àqueles que se julgavam deserdados da sorte, a misericórdia de Deus, o conforto, para eles compreenderem que a palavra do espírito é a continuação nossa, que fazia a harmonia dos lares e que curava os enfermos.

Chamei Pai Antônio, fui buscar Orixá Malé, para comigo trabalharem e criarem Tendas. Encontrei muitos descrentes. Aqui está o representante da Tenda São Jorge; talvez vocês não saibam como Severino, um grande médium que foi, como este médium se desenvolveu. Era descrente, Leal de Souza. A mãe de Geraldo Rocha foi pedir ao Orixá Malé uns pássaros para fazer um trabalho na beira do rio Macacu.

Severino, que não acreditava nem em Deus, também meus irmãos, à vista de todos aqueles que nos cercavam, todos que estavam assistindo à sessão, alguns já estão mortos, não podem dar aqui sua palavra, mas eu estou dizendo que tem aqui quem falta. Pois bem, meus irmãos, os pombos mandados por Geraldo Rocha, levados por Leal de Souza. Orixá (Male) tirou--os da gaiola em que estavam e, segurando-os, falou no bico dos pombos, dizendo: 'Eles precisam trabalhar e mostrar para vocês o que é a força...' Severino ria.

Era um dia de sol, algumas nuvens corriam no espaço. (Orixá Malé disse): 'Então vamos trabalhar na chuva, vamos mandar estes pombos pro lado de lá do rio para que eles não se molhem, para eles voltarem e continuar o nosso trabalho'. Não demorou poucos minutos e a chuva caía molhando a todos nós que estávamos ali reunidos; passada a chuva, os pombos fugiram para o outro lado do rio. Orixá Malé fez com que eles voltassem e cruzassem o céu. Severino duvidava, então como ele não acreditava em Deus, o Orixá Malé que era mais, pegou uma pedra redonda e, na margem do rio, deu-lhe com a pedra na testa e ele caiu dentro do rio... corre e tal... (Orixá Malé afirma): 'Não o pega!' Ele foi e se agachou numa pedra e veio o Ogum com quem ele trabalha... (Ogum Timbiri). Observem que ele não tinha fé em Deus, mas foi com uma pedra que se fez um médium nas matas à margem do rio Macacu.[11]

Veem vocês que a luta foi grande para formar estas Tendas, tudo se fez, mas hoje estou satisfeito porque sinto no coração de vocês que os nossos corações estão unidos ao meu espírito para ir aos pés de Jesus, pedir perdão para que possamos ser seus alunos. Seus inimigos que levem dos seus corações um perdão para aqueles que possam desejar o mal. Feito isso, acredito que o manto de Nossa Senhora virá ao agasalho de todos vocês na Umbanda do humilde Caboclo das Sete Encruzilhadas.

Sempre fui pequenino e pequenino continuo; sou o mais humilde dos espíritos que baixa ao planeta, tenho dito, tenho escrito e continuo a ser. Satisfeito pela Umbanda, todo dia, de estado a estado. A Umbanda hoje é grande, porque em São Paulo se criou 20 e tantas tendas, em Santos, em Minas Gerais, fora na capital da República que é no Distrito Federal, no estado do Rio, nossa Umbanda continua progredindo, não como aquela que eu desejo, como aquela que é preciso encontrar,

11. É muito difícil entender com precisão as palavras do Caboclo das Sete Encruzilhadas nesta passagem da fita, mas é fato conhecido este evento em que Severino incorpora pela primeira vez o sr. Ogum Timbiri, com quem haveria de trabalhar à frente da Tenda Espírita São Jorge, hoje dirigida pelo irmão Pedro Miranda, que inclusive está presente em muitas das gravações de Lilia Ribeiro, nas quais vemos o Caboclo das Sete Encruzilhadas e Pai Antônio. Acredito que aqui também o Caboclo esteja se dirigindo a Pedro Miranda, quando afirma que há um representante daquela tenda presente. *JUS 130 – 03/2011.*

nesta casa, quando aqui estou trazendo ao coração daqueles que dirigem, que é a humildade, o amor que pratica a caridade.

E venho encontrando e dando força aos dirigentes destas Tendas, e aos médiuns, para que esta Tenda possa sempre ser grande e ser o esteio das outras Tendas. Porque, meus irmãos, infelizmente, o nosso irmão Floriano que está ao meu lado sabe perfeitamente disto, que a nossa Umbanda criada por mim, um pequenino espírito, só desejava encontrar de branco, com roupas de pouco custo, nada de sedas, nada de cores... A nossa Umbanda de humildade, amor e caridade, é esta que se pratica na nossa Tenda, Tenda de Nossa Senhora da Piedade.

Por isso, meus irmãos, se as outras tendas... possam fazer aquilo que muito bem desejarem, todos eles poderão fazer o que quiserem, mas eu posso garantir uma coisa, que o meu aparelho nunca aceitou a vil moeda em troca de uma cura ou de um feito, porque a vil moeda só serve para atrapalhar o homem ou mulher que é médium. E vocês sabem perfeitamente que existem Tendas que aceitam. Nós temos uma choupana em Boca do Mato, do Velho Pai Antônio... Naquela época um cheque de um milhão era muita coisa; diversos cheques por cura foram dirigidos ao meu aparelho e eu dizia: 'Não pegue'. E ele devolvia.

Por isso, meus irmãos, que vocês possam fazer a caridade, possam receber de Deus sua misericórdia, porque todo médium pode fazer o bem, curar com suas mãos, com sua reza. A questão é andar numa linha reta, numa consciência pura e limpa. E não receber a vil moeda, enfim, olhar ao seu semelhante como se fosse um verdadeiro irmão, com este amor de irmão para irmão.

Como o menor espírito que baixa sobre a terra, eu saúdo estas linhas de caboclos que me cercam, que me cercaram quando iniciei. Temos aqui diversos caboclos... de Ogum, de Xangô, que formam as sete linhas, mas devo dizer que o

Caboclo das Sete Encruzilhadas, que é o meu espírito, pertence à falange de Oxóssi, meu Pai. Que Oxóssi possa tomar conta de vocês... que Oxóssi, que é padroeiro desta capital, abençoe a vocês neste momento. Este pequenino espírito deseja a todos presentes proteção, os corpos cheios de fluidos benéficos para suavizar os vossos males, com fé; que tenham neste momento a proteção da falange de Oxóssi e as outras linhas que aqui estão presentes, para levar harmonia aos vossos lares, harmonia aos vossos corações. Que vocês possam gozar a vida conforme o Pai vem falando a seus filhos, dentro daquela humildade, dentro do amor de irmão para irmão e praticando a caridade.

Lembre-se, que eu sou e serei sempre o menor entre todos, humilde Caboclo das Sete Encruzilhadas.

Ressalvo homenagem a Tupinambá e a outros espíritos, Sete Flechas, Caboclo Roxo, enfim, a quantidade de espíritos de Oxóssi, de Ogun, de Xangô que estão presentes. Eu solicito a vocês todos que estão na matéria, para que estes espíritos comigo possam carregar o que há de ruim, invadindo, sacudindo as vossas casas de alguma coisa que possa estar por lá, para que vocês tenham dias melhores, para que vocês tenham mais saúde e paz para praticar a verdadeira Umbanda do humilde Caboclo das Sete Encruzilhadas.

Que a paz neste momento baixe... e se reparta a todos vocês, debaixo do humilde manto, glorioso, de Nossa Senhora da Piedade."

Todo o material sobre o Pai da Umbanda, Zélio de Moraes, é de fundamental importância para o registro histórico da religião. Não apenas por se tratar daquele que foi instrumento de seu parto para o mundo material, como também para tomarmos ciência de como o médium e seus mentores viviam e pensavam a religião. Ler e ouvir suas palavras são um banho, um recarregar de fé e esperança na vida e em Deus. Zélio de Moraes, Caboclo das Sete Encruzilhadas e Pai Antônio, segundo o que pude ouvir das gravações, nos passam uma mensagem de convicção e tranquilidade ao expor o que é e como foi fundada a Umbanda no Brasil. Carecemos ainda de mais estudo sobre o homem, o médium e seus mentores, para que seja cada vez mais conhecida a história da Umbanda em seu berço. E que estas pesquisas dos primeiros momentos nos inspirem em registrar, catalogar e apresentar ao público em geral outras histórias da Umbanda que venham a somar com esta na construção da memória de uma religião.

Estas duas gravações, "Fita 52" e "Fita 31 A", são verdadeiras palestras de Zélio e do "Chefe" (Caboclo das Sete Encruzilhadas), em momentos muito especiais, comemorativos, de 63 e 64 anos da Umbanda no Brasil, nas quais o médium já se encontrava beirando os 80 anos de idade.

Fonte: *História da Umbanda*, Alexandre Cumino, Madras Editora.

Considerações Finais

Neste pequeno ensaio de textos, simples e objetivos, pudemos ver um pouco sobre a História da Umbanda, seus fundamentos mais básicos e seu fundador Zélio de Moraes.

Muitos médiuns, que não receberam esta árdua missão de trazer do astral e organizar na terra uma nova religião, se sentem à vontade para criticar ou ignorar a vida e a obra de Zélio de Moraes. Pelo fato de a Umbanda ser uma religião de transe, espiritualista e mágica, confundem a origem destas suas características mais marcantes com a origem da religião. Confundem ou não querem entender que religião é, também, um produto cultural, que se caracteriza no tempo e no espaço em que passa a existir no contexto material.

Não basta alguém incorporar um Caboclo ou um Preto-Velho e dizer "fundei a Umbanda"; para tal é necessário, no mínimo, que tenha idealizado e concretizado seu ritual e sua doutrina de base, alguém que tenha vivido anos desbravando um campo fechado e semeando algo desconhecido. Zélio de Moraes fundou o primeiro Templo de Umbanda, instituiu o ritual e sua doutrina básica, fundou outros templos para dar início à expansão da religião, criou a primeira Federação de Umbanda para regularizar e instruir os demais templos de Umbanda, criou o primeiro Jornal de Umbanda e determinou a realização do Primeiro Congresso Nacional do Espiritismo de

Umbanda. Tudo isso ele fez como médium e intermediário das vontades de seus guias aqui citados.

Dizer que outros médiuns lhe antecederam a missão e prepararam seu caminho por incorporar este ou aquele Caboclo soa muito mais como algo leviano de quem tenta afirmar que Zélio teria encontrado algo já pronto antes de dar início à sua missão.

Se alguém lhe preparou o caminho foi Alan Kardec, Cristo, Buda, Moisés, Krishna e todos os médiuns, rezadores, benzedeiras, homens e mulheres conhecidos e desconhecidos, fundadores de religião e anônimos. Toda uma civilização houve antes que Zélio pudesse fundar a Umbanda como a religião que nasce no encontro de muitas raças e culturas na base da cultura brasileira.

Qual a base da Umbanda? A cultura brasileira. Umbanda é religião de matriz religiosa brasileira, a base dessa matriz e dessa cultura é, sim, uma coisa linda e encantadora de se ver em sua diversidade única e pontual nesta terra tão fértil de um povo gentil e generoso.

No final de sua vida, Zélio de Moraes nos deixou gravações em que, ora incorporado ou não, conta com detalhes como foi a criação da Religião de Umbanda. A transcrição de algumas dessas gravações podem ser lidas aqui nos textos em anexo e podem ser encontradas facilmente na internet, onde é possível ouvir a voz de Zélio de Moraes e do Caboclo das Sete Encruzilhadas.

Dizer que Umbanda não é Macumba é muito mais que separar o joio do trigo. Para o leigo, tudo é Macumba e, mesmo para alguns de dentro, Umbanda é Macumba. No entanto, quando alguém fala: “Eu vou à Macumba”, não dá para saber se a pessoa vai para o Candomblé, Catimbó, Tambor de Mina, Umbanda ou mesmo para o Espiritismo. E, por isso, fica muito claro que pode até ser engraçado dizer: “Eu vou à Macumba”, mas em momento algum a palavra macumba define Umbanda e, por isso, podemos dizer com certeza que: Umbanda não é Macumba.

E como sempre digo e repito: parecido não é igual. Muita coisa é parecida com a Umbanda, no entanto, ela é única, mesmo que tenha certa diversidade.

A todos que querem conhecer mais a fundo esta história, recomendo o livro *História da Umbanda* (Alexandre Cumino, Madras Editora). A quem quer conhecer mais a fundo os fundamentos de Umbanda, indico a leitura de toda a obra de Rubens Saraceni, a começar pelo *O Guardião da Meia Noite*, pelo *O Cavaleiro da Estrela Guia* e os livros mais fininhos, antes dos volumes mais encorpados, todos editados pela Madras.

A quem quer estudar Umbanda, recomendo os cursos virtuais no site www.umbandaead.com.br. Para quem está em São Paulo, indico os cursos presenciais em <www.colegiopenabranca.com.br>.

Umbanda é religião e tem fundamento próprio.

Umbanda é religião e pratica exclusivamente o bem.

Umbanda é religião brasileira fundada por um brasileiro.

Leitura Recomendada

A Iniciação a Umbanda

Ronaldo Antonio Linares / Diamantino Fernandes Trindade / Wagner Veneziani Costa

A Umbanda é uma religião brasileira centenária que cultua os Orixás (divindades), os quais influem diretamente nos mensageiros espirituais, que são as entidades incorporadas pelos médiuns para que os trabalhos sejam realizados.

Livro das Energias e da Criação

Rubens Saraceni

Este livro trata de um dos maiores mistérios divinos: a vida em si mesma e as múltiplas formas em que ela se mostra. O Mestre Mago Rubens Saraceni mostra que o mistério criador de Deus transcende tudo o que imaginamos, porque o Criador é inesgotável na sua criatividade e é capaz de pensar formas que fogem à imaginação humana, por mais criativos que sejam os seres humanos.

Jogo de Búzios

Ronaldo Antonio Linares

Jogo de Búzios foi idealizado por Ronaldo Antonio Linares, com o intuito de apresentar as especificidades desse conhecido oráculo sob a ótica umbandista, bem como desmistificar as comparações entre as religiões afro-brasileiras, Candomblé e Umbanda, que, em virtude do sincretismo sofrido no decorrer do tempo, foram consideradas como sendo a mesma.

O Cavaleiro do Arco-Íris

Rubens Saraceni

Este é mais um trabalho literário do Mestre Mago Rubens Saraceni que certamente cairá no gosto do leitor, tendo em vista que se trata de um livro iniciático, que apresenta a saga espiritual do Cavaleiro do Arco-Íris, o qual é um mistério em si mesmo e um espírito humanizado a serviço do Criador nas diversas dimensões cósmicas do Universo Divino.

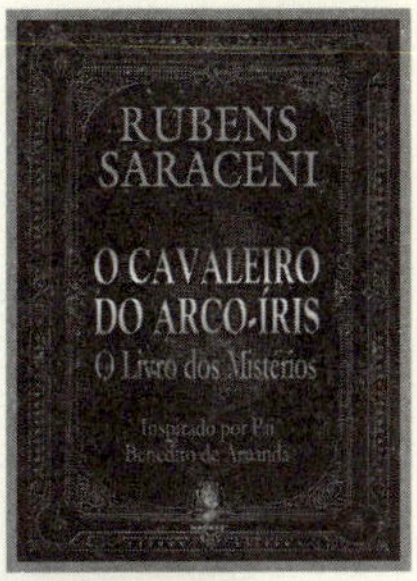

www.madras.com.br

Leitura Recomendada

HISTÓRIA DA UMBANDA

Uma Religião Brasileira

Alexandre Cumino

"Foram 100 anos de muita luta para nós. Fiquei muito feliz em ter em mãos uma grande pesquisa sobre a nossa Umbanda, bem esclarecedora. Parabéns!" – Lygia Cunha – neta de Zélio de Moraes e Presidente da Tenda Espírita Nossa Senhora da Piedade "Considero o livro do Alexandre uma referência fundamental para todos aqueles que queiram conhecer um pouco mais a fundo a história da Umbanda."

O ANFITRIÃO DO CAMPO-SANTO

André Cozta

Essa obra pretende mostrar aos umbandistas, e a todos que se interessarem, que os Exus Guardiões, as Pombagiras e demais entidades da Esquerda em geral são trabalhadores da Luz, que promovem benfeitorias aos consulentes, re-equilibram e ordenam os trabalhos espirituais e os templos umbandistas.

A SETE PALMOS

Uma Viagem à Prisão das Consciências

André Cozta

A Sete Palmos – Uma Viagem à Prisão das Consciências traz aos umbandistas e leitores em geral a abertura de um Mistério sob a irradiação do Divino Orixá Omolu, que é o Mistério de Prisão e Reforma das Consciências. O autor espiritual traz ao plano material uma real explicação de como funciona esse Mistério Divino e quais são suas funções e objetivos.

LENDAS DA CRIAÇÃO

A Saga dos Orixás

Rubens Saraceni

O ser humano vive na atualidade uma busca permanente pela compreensão de si mesmo, do verdadeiro "EU" que cada um traz em seu íntimo e que precisa ser despertado.

www.madras.com.br

MADRAS® Editora

CADASTRO/MALA DIRETA

Envie este cadastro preenchido e passará a receber informações dos nossos lançamentos, nas áreas que determinar.

Nome ____

RG ____________________ CPF ____________________

Endereço Residencial ________________________________

Bairro ______________ Cidade ________________ Estado _____

CEP ____________ Fone ______________________________

E-mail ____

Sexo ❑ Fem. ❑ Masc. Nascimento ______________________

Profissão ______________ Escolaridade (Nível/Curso) __________

Você compra livros:

❑ livrarias ❑ feiras ❑ telefone ❑ Sedex livro (reembolso postal mais rápido)

❑ outros: ____

Quais os tipos de literatura que você lê:

❑ Jurídicos ❑ Pedagogia ❑ Business ❑ Romances/espíritas

❑ Esoterismo ❑ Psicologia ❑ Saúde ❑ Espíritas/doutrinas

❑ Bruxaria ❑ Autoajuda ❑ Maçonaria ❑ Outros:

Qual a sua opinião a respeito desta obra? ______________________

____

Indique amigos que gostariam de receber MALA DIRETA:

Nome ____

Endereço Residencial ________________________________

Bairro ______________ Cidade ______________ CEP __________

Nome do livro adquirido: Umbanda Não é Macumba

Para receber catálogos, lista de preços e outras informações, escreva para:

MADRAS EDITORA LTDA.

Rua Paulo Gonçalves, 88 – Santana – 02403-020 – São Paulo/SP

Caixa Postal 12183 – CEP 02013-970 – SP

Tel.: (11) 2281-5555 – Fax.:(11) 2959-3090

www.madras.com.br

Este livro foi composto em Times New Roman, corpo 13/15,6.
Papel Norbright 66,6g
Impressão e Acabamento
Orgráfic Gráfica e Editora — Rua Freguesia de Poiares, 133 —
Vila Carmozina — São Paulo/SP — CEP 08290-440 —
Tel.: (011) 3522-6368 — orcamento@orgrafic.com.br